MW01275126

Le pourquoi du comment

Daniel Lacotte

Le pourquoi du comment

Albin Michel

Pour Dominique,
Guillaume et Mathilde.

« Tout ce que je sais, c'est que je ne sais pas. »

Socrate, cité par Cicéron
dans *Academica* (45 av. J.-C.)

Sommaire

Savoir et tolérance :
le couple indissociable

D'abord, une certitude. En aucune façon ce livre ne veut proposer l'arrogant étalage d'un hypothétique savoir. Bien au contraire ! Il s'inscrit clairement dans une démarche excluant tout pédantisme. Car l'emphase et la forfanterie ne font jamais bon ménage avec le souci de comprendre le monde. D'ailleurs, il suffit de commencer à chercher ici ou là des réponses aux questions que chacun se pose pour se ranger immédiatement aux côtés de ceux que la modestie grandit.

L'expérience et l'observation du spectacle que nous offre chaque jour la vie en société prouvent que les prétentieux infatués – et autres bouffis de suffisance – ne savent généralement pas grand-chose. Bien évidemment, la cuistrerie qu'ils affichent exprime leur totale absence d'humilité. Aussi bien face aux multiples facettes de la connaissance que devant les insoupçonnables champs qui restent encore à défricher.

De surcroît, une telle attitude refuse d'intégrer la notion essentielle du doute permanent, cette sage posture qui devrait accompagner chaque tentative susceptible de guider l'esprit sur le chemin du savoir. Car un cerveau humain en éveil, toujours prêt à s'enrichir de nouvelles analyses, c'est un individu à l'écoute des autres. Donc un adepte gagné pour le camp de la tolérance, celui qui accepte l'idée que l'autre a peut-être raison. Ainsi l'esprit qui cherche à savoir et à comprendre ne s'emmure-t-il jamais dans de stériles convictions.

Alors qu'il pouvait sembler légitime de laisser l'homme assouvir sa soif de connaissance, d'aucuns ont toujours pensé qu'il convenait plutôt de le laisser croupir dans l'ignorance. Pour mieux l'asservir. Pour le réduire en esclavage. Aussi les tenants de l'obscurantisme s'évertuèrent-ils sans relâche à barrer la route aux humanistes qui prêchaient le libre accès du plus grand nombre à l'éducation.

Certes, en ce début de XXIᵉ siècle, la raison, la science et la logique semblent triompher. Cependant, si les efforts des chercheurs contribuent à atténuer les comportements superstitieux, il n'en reste pas moins vrai que peurs, croyances et angoisses collectives empoisonnent encore les rouages du quotidien. Comme si les avancées du génie humain ne parvenaient toujours pas à anéantir des craintes venues de la nuit des temps.

En fait, trop d'humains ont peur du lendemain. Par ailleurs, ils fuient la remise en question de leurs convictions et évitent de confronter leurs certitudes à de nouvelles hypothèses. Ils vivent en vase clos. Dans le confort d'une prétendue vérité. Mais si jamais un paramètre vient troubler ce fragile équilibre, plutôt que de chercher des explications solides, ils s'en remettent aux mains des illusionnistes, sorciers et charlatans de tout poil. Quels que soient leurs fringants atours, ces dangereux gourous se disent porteurs d'une solution, voire détenteurs d'infaillibles secrets qui les hissent au rang de médiateurs entre la vie et le surnaturel. Et, comme tous ces serviteurs d'un impénétrable au-delà promettent un lointain paradis ou laissent habilement pointer une lueur d'espérance susceptible de résoudre les difficultés de l'instant, les aigrefins ne manquent pas d'adeptes fanatisés.

Magiciens de l'Antiquité, sorciers du Moyen Âge, devins ou guérisseurs vendaient des miettes de plaisir, de joie ou de bonheur, selon le degré de l'extase intimement recherchée par une clientèle fidèle et charmée. À l'aube du IIIe millénaire, rien n'a vraiment changé. Les chalands ne manquent pas. Angoisses et utopies restent la cible des nouveaux marchands du Temple. Par exemple, les jeux de loterie n'hésitent pas à s'approprier le vendredi 13. Ils vendent aux plus crédules le hasard et le mystère d'une force supérieure susceptible de transmettre la chance. D'autres commerçants vantent impunément les mérites de leurs crèmes amincissantes, gélules aphrodisiaques et produits miracles contre le vieillissement. Remèdes qui firent les beaux jours des plus anodins aspects de la sorcellerie du Moyen Âge.

Quant à l'éternel et universel besoin de connaître l'avenir, il n'en finit pas de faire recette. Au point de s'affirmer, de décennie en décennie, comme un des plus florissants marchés de la supercherie. Astrologues, voyants, marabouts, cartomanciennes et chiromanciennes ne se contentent même plus de consulter par téléphone. Ils conjuguent sans scrupule le virtuel au surnaturel et proposent désormais leurs « services » sur le réseau Internet.

Malgré les progrès de la science et de la médecine, les postures superstitieuses persistent donc. Ce qui n'en finit pas d'intriguer. Certes, les audacieuses ballerines des sabbats et l'évocateur Satan ne donnent plus de spectacles

les soirs de pleine lune ! Toutefois, jeteurs de sorts, radiesthésistes, Nostradamus d'opérette (en quête de reconnaissance universitaire), guérisseurs et rebouteux exercent toujours leurs lucratives occupations. Fondées hier sur le terreau de l'illettrisme, toutes ces activités continuent de progresser allègrement en flattant la naïveté. Et tous ces charlatans propagent sans scrupule la bêtise en plumant promptement les gogos de leurs grigris.

La jubilation d'apprendre

Il faut combattre toutes les formes d'embrigadement de l'esprit, toutes les chimères qui se tapissent ici ou là dans l'occultisme, la divination, l'ésotérisme, le mystère et les dogmes. Pour chasser ces importuns, une seule solution : promouvoir par tous les moyens l'éducation. En effet, seul l'accès à la connaissance permettra à l'humanité de progresser. Car commencer à apprendre débouche invariablement sur de nouvelles questions, et en aucun cas sur une réponse figée ou sur « la » vérité affublée d'un grand V ! Et chaque nouvelle question permet d'avancer, de s'enrichir. D'aborder soudain une immense étendue qu'il faudra s'employer à découvrir.

Certes, pour comprendre les bribes d'un sujet, son histoire et ses acteurs, il faut parfois marcher d'un pied hésitant. Et pas forcément en droite ligne. Mais cet apprentissage qui ouvre les yeux sur d'innombrables rivages inconnus conduit obligatoirement vers l'émerveillement. Et là, plus possible de s'arrêter. Le goût d'apprendre devient jubilation et le besoin de comprendre s'installe. Crédulité, rumeurs, suppositions, à-peu-près et idées reçues refluent aussitôt. Le bonheur de savoir l'emporte avec la discrétion qui sied au vrai curieux.

On ne dira jamais assez combien la vigilance doit rester de mise. À chaque instant. Et y compris face à ceux qui pourraient d'emblée bénéficier d'un inaltérable crédit de sympathie spontanée. Car l'approche de l'indispensable accès à la connaissance prend parfois des détours inexplicables. Prenons l'exemple du philosophe français François Marie Arouet (dit Voltaire, 1694-1778).

Brillant esprit, espiègle, épris de liberté, novateur, défenseur intransigeant des persécutés, Voltaire lutte contre toutes les formes de superstition, notamment dans son *Traité sur la tolérance* (1763). Mais il dénonce aussi tous les fanatismes, principalement celui de l'Église catholique, puis, finalement, celui de toutes les religions puisqu'elles étouffent la raison et condamnent les plaisirs. Il attaque avec violence la guerre, les abus sociaux, les lettres de cachet, la torture et l'aveuglement de la justice.

Voltaire se fait ainsi le chantre incontesté – et respecté – de la lutte contre l'intolérance. Par exemple, il soutient crânement les protestants, notamment dans deux procès retentissants de son temps (ceux de Jean Calas et de Pierre-Paul Sirven dont il obtient la réhabilitation en 1765 et en 1771). Ce personnage ambigu savait également flatter servilement les grands d'Europe qu'il inondait par ailleurs de cinglants pamphlets anonymes.

Toujours est-il que Voltaire, perçu à juste titre comme

l'un des inspirateurs de la Révolution française (au côté de Jean-Jacques Rousseau), va déraper dans son abondante correspondance. Le 19 mars 1766, il écrit dans une missive à Damilaville : « Il est à propos que le peuple soit guidé et non pas qu'il soit instruit. » Le philosophe récidive le mois suivant : « Il me paraît essentiel qu'il y ait des gueux ignorants. »

Trois ans plus tard, dans une lettre à Tabareau, Voltaire s'enlise en évoquant les gens du peuple : « Ce sont des bœufs auxquels il faut un joug, un aiguillon et du foin. » Nous sommes ici à des années-lumière du plaidoyer de Georges Danton (1759-1794) qui réclame à la tribune de la Convention (13 août 1793) une instruction publique, gratuite et obligatoire : « Après le pain, l'éducation est le premier besoin du peuple. »

Chacun l'aura donc compris, l'ambition de ce modeste ouvrage se résume en une inextinguible foi dans les vertus du savoir et de la raison. Les deux seules notions élémentaires qui peuvent encore sauver l'humanité. D'abord intrinsèquement, mais aussi parce qu'elles enfantent d'autres bienfaits. À condition toutefois que cette connaissance ne soit pas jalousement accaparée par une élite craintive et frileuse.

Cherchez, découvrez, apprenez et transmettez... Il en restera toujours quelque chose d'utile. Mais surtout, n'oubliez jamais que tout individu qui prend conscience de son ignorance fait déjà un grand pas en direction du savoir.

Vie quotidienne

Quelle est l'origine de l'expression O.K. pour signifier d'accord ?

Il existe de multiples théories sur les origines de ce fameux *okay* (O.K.) américain qui se répand en Europe après la Seconde Guerre mondiale. Aujourd'hui cette abréviation familière est probablement devenue le « mot » ou l'expression – car on ne sait trop comment la qualifier – la plus utilisée dans le monde.

Ainsi, pratiquement chaque langue répertoriée sur l'ensemble de la planète acquiesce et opine du bonnet en prononçant ce magique *okay*. Encore que l'expression ne se contente pas de signifier systématiquement un « oui » banal et standardisé. En effet, si un O.K. bien placé dans la conversation vise à approuver, voire à donner une autorisation, il permet aussi de manier la nuance. Chacun sait qu'il peut se traduire par « d'accord » ou par « entendu », notamment dans le genre de réplique suivante : « O.K., j'arrive ! » Mais ces modestes petites lettres poussent la subtilité expressive jusqu'au « tout va bien ». Exemple : « C'est O.K., on peut partir. »

Au fil des décennies, les acceptions ont continué de proliférer. Ainsi entend-on parler de « vacances O.K. » (agréables), d'une « réponse O.K. » (correcte), d'un objet O.K. (en ordre de marche ou prêt à fonctionner), d'un skieur O.K. après une chute (c'est-à-dire sain et sauf), d'un patient O.K. après une opération chirurgicale réussie. Bref, que ce soit sous la forme d'un adverbe ou d'un adjectif, l'anodine abréviation ne manque pas de ressources !

À l'image de cette mosaïque de significations, les histoires extravagantes censées expliquer les origines de l'expression puisent leurs racines dans un folklore bigarré. Par exemple, beaucoup pensent que *okay* peut venir du mot *okeh*, autrefois prononcé dans certaines tribus indiennes pour dire « oui ». D'autres l'attribuent à Obediah Kelly. Ce brave employé des chemins de fer aurait eu pour habitude de placer ses initiales au bas des papiers qui autorisaient un convoi de marchandises à quitter le quai. Mais seulement une fois que tout était en ordre. C'est-à-dire que tout était O.K.

Il y a aussi cette explication faisant référence à la guerre de Sécession qui opposa vingt-trois États du Nord à onze États du Sud de l'Amérique entre 1861 et 1865. Une guerre civile qui se soldera par la victoire des Nordistes (anti-esclavagistes et protectionnistes). Les soldats qui rédigent chaque soir un rapport d'activité militaire mentionnent le nombre de morts. Et lorsque aucun des leurs n'a disparu au combat, ils marquent O.K. – abréviation de l'expression « *0 killed* » (*zero killed*), c'est-à-dire zéro tué. De surcroît, ce O.K. a un double sens puisqu'il laisse entendre que tout s'est bien passé tout au long de la journée.

Mais, à l'époque, l'abréviation avait déjà quelques décennies d'existence et elle ne tient donc pas son origine de cette terrible guerre de Sécession qui entraîna la mort de 617 000 soldats. Autant dire qu'ils n'avaient pas eu le loisir d'écrire trop souvent O.K. !

Toujours parmi les explications fantaisistes, figure celle des bateaux qui accostaient dans un port de l'île d'Haïti portant le doux nom de Les Cayes. Les marins qui se rendent dans cette ville (sur la côte sud de l'île baignée par la mer des Caraïbes) ont coutume de dire qu'ils se rendent aux Cayes. Ce qu'ils prononcent vaguement « okay ». Et comme la ville possède le meilleur rhum de l'île, les marins prennent l'habitude de désigner la qualité d'une bonne marchandise en référence à la réputation de l'alcool de leur port favori. « *This is really Aux Cayes stuff* », donne alors à un produit une sorte d'agrément. Quelque chose du genre : « C'est de la bonne qualité. » Sous-entendu, comme le rhum d'aux Cayes.

Cette explication haute en couleurs et senteurs exotiques fit longtemps florès. Jusqu'au jour où Allen Walker Read (professeur à l'université Columbia) met tout le monde d'accord. Il montre que cette énigmatique abréviation vient en réalité de l'expression « *oll korrect* », une déformation pour le moins cocasse de « *all correct* ».

Mais d'où pouvait bien venir cette variante comique ? Tout simplement d'une façon humoristique d'écrire certaines phrases ou expressions en les réduisant à des initiales, mais en ajoutant une explication entre parenthèses. Apparue à la fin des années 1830, cette marotte a un immense succès dans les journaux de Boston. On relève dans ces publications des K.Y. pour « *know yuse* » (*no use*, cela ne vaut pas la peine) ; N.S. pour « *nuff said* » (*enough said*, assez parlé). Et, bien évidemment, de multiples O.K. pour « *oll korrect* » (*all correct*, tout est correct), repéré pour la première fois en mars 1839.

Tandis que les autres abréviations ne reviennent que pendant quelques semaines dans les articles ou les dessins, le O.K. s'immisce immédiatement dans les conversations de la vie courante. Et il s'impose très rapidement. Peut-être parce qu'il véhicule aussi un soupçon d'humour : pas plus le O que le K ne sont corrects !

De surcroît, un événement politique d'importance va se charger de promouvoir l'expression. En 1840, Martin Van Buren (1782-1862) mène campagne pour sa réélection à la présidence des États-Unis. Natif du petit village de Kinderhook (État de New York), le huitième président américain (élu en 1837) n'a plus vraiment le vent en poupe.

Déjà très aguerris dans l'art du marketing politique, les partisans de Van Buren cherchent fiévreusement un slogan qui puisse faire mouche. Ils décident alors de s'appuyer sur ces abréviations comiques très en vogue. Et ils se décident pour le O.K. en affublant leur poulain d'un gentil surnom : *old Kinderhook*. Les deux petites lettres deviennent alors le signe – et le sigle – de ralliement des supporters de Martin Van Buren. Ils fondent même le *O.K. Democratic Club* pour promouvoir les idées de leur favori.

À l'époque, on savait manifestement s'amuser pendant les campagnes électorales américaines. Car les adversaires de Van Buren s'emparent aussitôt de l'expression pour caricaturer le bilan du président toujours en exercice. On voit alors fleurir de nombreux O.K. Par exemple : « *orrible katastrophe* » (horrible catastrophe) ; « *orful kalamity* » (*awful kalamity*, effroyable calamité) ; « *out of Kash* » (*out of cash*, sans argent), etc.

Finalement, Marin Van Buren subit une humiliante défaite. Mais son successeur, William Harrison, meurt des suites d'une pleurésie, le 4 avril 1841, un mois après son entrée en fonction. Par un froid glacial, il avait commis l'imprudence de prononcer son discours inaugural tête nue. Ce qui n'était franchement pas O.K. ! Quoi qu'il en soit, cette campagne électorale marquera les débuts officiels du *okay*.

Il semble que le village de Kinderhook tenait absolument à inscrire son nom dans l'histoire des origines du *okay*. Situé dans le comté de Columbia (État de New York), Kinderhook est créé par des colons hollandais qui s'établissent dans la région au début du XVIIᵉ siècle peu après l'exploration par l'Anglais Henry Hudson du fleuve et de la baie qui portent son nom (1609-1610). Au cours de ce voyage, Hudson aurait rencontré des Mohicans pour la première fois.

Un siècle plus tard, les vergers de la charmante région de Kinderhook produiront des pommes savoureuses, particulièrement recherchées et commercialisées dans des cagettes portant une sorte de mention d'origine : O.K. (pour *old Kinderhook*). Les consommateurs se seraient alors référés à ces pommes délicieuses pour désigner un produit de qualité.

Pourquoi habille-t-on les garçons en bleu et les filles en rose ?

Il faut bien avouer que rien ne ressemble davantage à un nourrisson... qu'un autre nourrisson. La logique pourrait donc nous laisser penser qu'il fut tout naturel de distinguer fille et garçon en attribuant à chacun une couleur de vêtements particulière. Mais derrière cette louable intention, *a priori* évidente, se cache de curieuses considérations.

En effet, rien ne permet d'affirmer que les deux couleurs devaient d'abord faciliter la reconnaissance du sexe du bébé. Avec, par exemple, l'intention sous-jacente d'éviter au visiteur la sempiternelle question en se penchant au-dessus du berceau : « C'est une fille ou un garçon ? » En réalité, les parents habillèrent leurs fils de bleu pour des raisons bien différentes.

Dans la tradition populaire, le bleu a la réputation de chasser diable, démons, esprits malveillants, sorciers et maladies. Symbole de l'azur, de la voûte céleste et du paradis, le bleu dédié à l'éternité véhicule le pouvoir de repousser les forces du mal. La présence de décorations à base de bleu est d'ailleurs déjà très fréquente dans les nécropoles de l'Antiquité égyptienne (murs et coiffures des défunts).

Emblème de loyauté, de fidélité, de pureté, mais aussi de sagesse et de fermeté, le bleu place donc sous une bonne étoile ceux qui portent des vêtements de cette couleur chargée de moult vertus bienfaitrices.

Ces croyances superstitieuses, qui s'amplifièrent continuellement tout au long du Moyen Âge, incitèrent les parents à habiller leurs fils de bleu. Non pour les distinguer des filles, mais avec pour objectif fondamental de les protéger de Lucifer et de ses serviteurs. Abandonnant ainsi les demoiselles à leur triste destin. Autrement dit, la croyance populaire mettait toutes les chances du côté des garçons et laissait les filles se débrouiller face à Satan et à ses suppôts !

Mais comme les garçons bénéficiaient d'une couleur spécifique, les parents se sentirent peut-être coupables de ne pas en attribuer une aux filles. Aussi décrochèrent-elles bientôt les faveurs du rose. Symbole de l'amour et de la sagesse divine, mais aussi emblème de la tendresse, de la jeunesse et du bonheur, le rose ne manque finalement pas de qualités !

Il convient cependant de souligner que le bleu ne gagne ses lettres de noblesse qu'à partir du XIIe siècle. En effet, la couleur pourpre dominait la culture de l'Empire romain. Au point de devenir *color officialis*, synonyme de pouvoir. En fait, les Romains considéraient alors le bleu comme une couleur barbare. Tout simplement parce que les guerriers celtes se peignaient le corps de bleu foncé, ce qui les rendait plus effrayants lorsqu'il fallait les affronter. L'historien latin Tacite (55-120) évoque d'ailleurs ces redoutables « armées de spectres ».

Le bleu s'imposera donc progressivement, notamment dans l'art religieux (petit à petit, sculptures polychromes et tableaux représentent la Vierge habillée de bleu). Dans les cours d'Europe, la couleur gagnera lentement le cœur des souverains, le plus souvent aux dépens de la puissance symbolique du rouge. Et, à la fin du Moyen Âge, le bleu aura acquis un véritable statut de couleur royale et princière.

Nul doute que cette promotion sociale de l'indigo ait également joué son rôle dans le choix d'une couleur destinée à « distinguer » un garçon. Pour les parents, le fils porteur de l'héritage prenait soudain ses galons de roi de la maisonnée. D'autant que le bleu évoquait à la fois chrétienté et pouvoir « politique » (c'est-à-dire puissance spirituelle et matérielle). En ajoutant une bonne dose de superstition propre à conférer à la couleur le pouvoir de chasser les démons, on comprend aisément qu'aucun adversaire ne put résister aux arguments fracassants de la layette bleue !

Quelle est l'origine du salut militaire ?

Dans la plupart des armées du monde, les militaires se saluent mutuellement d'un geste qui porte la main droite à hauteur du front, de la tempe ou de la visière de leur couvre-chef. La main étant distinctement ouverte, doigts serrés et paume visible.

Les origines précises de ce rituel restent obscures. Toutefois, il convient d'observer qu'une procédure de salut existe déjà dans l'armée de l'Empire romain. À l'époque, les soldats saluent leur supérieur hiérarchique en levant le bras à hauteur de l'épaule, paume ouverte et tournée vers la personne ainsi honorée. Cependant, aucun texte ne fait mention du détail stipulant que la main devait toucher le casque ou la tête pendant ce salut.

Quelques détails précis nous laissent penser que le salut militaire moderne puise plutôt sa gestuelle dans une coutume du Moyen Âge, tradition qui s'apparentait à une sorte de règle de politesse dont voici les principaux acteurs.

Sur des chemins parfois peu fréquentés et en ces temps belliqueux, lorsqu'un chevalier (harnaché dans sa lourde armure et juché sur son fringant destrier) s'apprêtait à croiser l'un de ses collègues, la tradition voulait que l'un et l'autre prouvent leur attitude pacifique. Aussi relevaient-ils le ventail de leur heaume (schématiquement, la visière du casque !) afin de se faire reconnaître. Comme pour décliner leur identité. De surcroît, dans de telles conditions, le chevalier en arme ne pouvait bien évidemment pas se saisir de son épée. Ce geste, qui exprimait clairement des dispositions non violentes, devint tout naturellement le signe d'un salut amical. Et la main gauche étant occupée à maintenir les rênes de la monture, on visualise aisément que ce mouvement de la main droite s'apparente étrangement à celui que nous connaissons toujours aujourd'hui.

Vivace dans l'Europe médiévale, cette tradition gagna également les simples voyageurs qui s'attachèrent eux aussi à lever le bras droit en montrant distinctement la paume d'une main largement ouverte. Chacun prouvait ici qu'il n'envisageait pas d'utiliser son épée (ou tout autre objet) à des fins agressives. Non seulement ce geste inspira-t-il le salut militaire, mais il serait également à l'origine des signes amicaux de la main (toujours paume largement visible) pour saluer de loin un ami (ou une foule).

Témoignage par le passé d'une intention amicale et pacifique, le salut, devenu militaire au fil des siècles, exprime désormais une marque de respect. On peut aussi supposer qu'il contribue à maintenir et à renforcer la notion de discipline. Pour s'en persuader, il suffit de regarder la précision et le sérieux de la gestuelle effectuée dans une tenue et une attitude impeccables.

Mais le salut militaire indique également que le subalterne (qu'il soit du rang ou officier) se met à la disposition de son supérieur. En d'autres termes, qu'il attend de recevoir les ordres et qu'il est prêt à exécuter sa mission. Rompez !

Pourquoi les vêtements des hommes et des femmes ont-ils un sens de boutonnage différent ?

Vous avez bien évidemment tous et toutes remarqué que les boutons sont cousus à droite de l'ouverture sur les vêtements destinés aux hommes et sur le bord gauche pour ceux que portent les femmes. Qu'il s'agisse de chemises, chemisiers, corsages, polos, gilets, vestes, manteaux, etc.

Il faut tout d'abord souligner que ce problème ne se pose que depuis le XIIe siècle, époque où apparaissent les premiers boutons dont l'usage ne se développe réellement qu'au cours du siècle suivant. Et ce pour une raison fort simple : pendant les croisades (XIe-XIIIe), les Occidentaux découvrent les merveilles de l'Orient. Notamment les avancées de l'Empire byzantin dans le domaine de la fabrication des étoffes et de la confection des vêtements. Impression des tissus, mais aussi commerce du velours et du satin engendrent de notables bouleversements dans la façon dont l'élite du temps s'habille. Sans que l'on puisse encore véritablement parler d'effets de mode. Dictés par les souverains et leur entourage, ceux-ci n'apparaissent qu'à partir du XIVe siècle.

En cette période charnière du Moyen Âge baptisée âge féodal (XIe-XIIIe), hommes et femmes portent le bliaud, sorte de cotte-chasuble ou de tunique qui couvre la chemise. Pour sortir, on s'abrite alors sous une cape ou un surcot.

Des accessoires divers et variés ont envahi la mode du XXIe siècle (sacs, ceintures, gants, foulards, cravates, chapeaux, etc.). Au Moyen Âge, la tradition vestimentaire dispose également d'un accessoire de base : l'épée. Certes, certaines de ces pièces ne manquent pas d'afficher une exceptionnelle valeur décorative, voire artistique, mais elles répondent fondamentalement à d'autres exigences potentielles, un combat inattendu.

Nous touchons ici à la première explication possible à propos de l'énigmatique sens du boutonnage. Qu'ils soient gentilhommes ou chevaliers, espiègles godelureaux ou maraudeurs enclins aux carabistouilles, ces gens en armes portent donc leur épée sur la gauche. Et pour dégager le vêtement qui peut la recouvrir, rien de plus facile que de se déboutonner de la main gauche tout en saisissant promptement son arme de la droite, le tout en ouvrant d'un geste ample le pan gauche de la cape... qui doit donc recouvrir le pan droit de l'ouverture. Conclusion : pour ne pas gêner l'exécution de ce geste précis – voire vital ! – il fallait bel et bien coudre les boutons sur le pan droit du vêtement.

À ce jour, aucun chercheur n'a formellement démontré la véracité de cette explication pourtant largement répandue, y compris parmi les historiens de la mode. Mais si cette hypothèse ne touche que la gent masculine, une seconde démonstration repose cette fois sur une « activité » exclusivement féminine. À savoir : l'allaitement. Ainsi, pour faciliter le déboutonnage à l'aide de la main droite (tandis que le bébé se portait le plus souvent du bras gauche), les boutons auraient été cousus sur la gauche de l'ouverture.

Par chance, ces deux explications se complètent efficacement, alors qu'elles sont pourtant rigoureusement indépendantes l'une de l'autre. En réalité, il ne s'agit là que de suppositions logiques.

Si épée et allaitement sont peut-être à l'origine d'un sens de boutonnage, certains avancent d'autres hypothèses. Ainsi la version « de l'habilleuse » rassemble-t-elle de nombreux suffrages. Cette théorie affirme que la rangée de boutons a été cousue sur la gauche de la fermeture des vêtements de femme... pour faciliter l'habillage des reines, princesses et autres dames de l'aristocratie.

Il semble en effet que le sens de boutonnage des vêtements féminins soit ainsi plus facile pour une habilleuse droitière qui doit remplir sa tâche, sachant qu'elle se trouve alors en face de la femme qu'elle s'applique à vêtir avec dextérité. Une thèse qui ne manque pas de séduire. Sauf que nombre d'aristocrates masculins disposaient également de domestiques pour les aider à s'habiller. À croire qu'ils étaient donc tous gauchers !

Comment a été inventée la cigarette ?

Dans les tribus de l'Amérique précolombienne, les Indiens utilisaient le tabac au cours de cérémonies religieuses ou lors de rituels coutumiers liés à la vie sociale. Cette pratique remonte fort probablement aux premiers siècles de notre ère. Et la découverte d'objets que l'on peut considérer comme les ancêtres de la pipe prouve que les Amérindiens fumaient déjà du tabac. D'abord réservée à une élite ou aux grands prêtres, la tradition prit peu à peu une place de choix dans les célébrations officielles.

En débarquant au Nouveau Monde (1492), Christophe Colomb rencontre donc les premiers fumeurs. Car, en dehors du continent américain, le tabac était parfaitement inconnu sur le reste de la planète. Aussi, dans les années qui suivent, les aventuriers espagnols qui se lancent ensuite à la conquête de l'Amérique vont-ils très largement promouvoir cette plante herbacée du genre *nicotiana*. Et beaucoup se plaisent aussitôt à l'entourer de sombres mystères.

Établi dans la région de l'actuel Mexique, le peuple aztèque fumait du tabac séché à travers des « tubes » naturels : roseaux ou tiges de plantes. D'autres autochtones roulaient du tabac préalablement haché dans les feuilles de différents végétaux. Ces curieux objets fumants ressemblent déjà à nos cigares d'aujourd'hui. D'emblée, ils connaissent un immense succès auprès des conquistadors du XVIᵉ siècle qui vont aussitôt lancer la mode dès leur retour en Espagne. Et comme certains prêtent à la plante des vertus médicinales, le tabac va rapidement susciter un réel engouement.

Les premiers fumeurs européens se recrutent ainsi parmi les riches notables de Séville. Intrigués par cette vogue curieuse et par la rareté du produit (de surcroît coûteux), des mendiants ramassent les mégots de ces « cigares » jetés ici ou là dans les rues de la ville. Et en roulant les restes de ce tabac dans des feuilles de papier, ils créent les premières cigarettes qu'ils baptisent *papeletes* ou *cigarillos*.

Les plantations de tabac vont se multiplier à travers le monde. Elles apparaissent aux Antilles, au Portugal et en Espagne vers 1520. Puis elles gagnent l'Afrique (1530), la Turquie et la Russie (1580), l'Inde et le Japon (1590). Et au XVIIe siècle, il n'y a pratiquement plus un seul pays pour ignorer la culture du tabac.

En France, André Thevet, moine cordelier et grand voyageur, entreprend en 1556 la culture de quelques plants de tabac rapportés de son expédition au Brésil. Mais c'est l'ambassadeur de France au Portugal, Jean Nicot (1530-1600), qui envoie en 1559 des échantillons de feuilles de tabac à Catherine de Médicis. Miracle ! L'« herbe à Nicot » soulage les migraines de la reine mère qui vient de perdre son mari, Henri II. D'abord connu sous le nom de « nicotiane » et paré de pouvoirs médicinaux, le tabac fait donc une entrée remarquée à la cour de François II (1544-1560). Le succès ne se démentira plus.

Mais, à l'époque, si quelques-uns fument le tabac, beaucoup le consomment froid. Ils préfèrent priser ou chiquer. L'usage de la chique va surtout se répandre chez les marins, tandis que la pratique de la prise acquiert une réputation d'élégance. Ainsi nombre d'aristocrates et d'ecclésiastiques ont-ils prisé jusqu'au XIXe siècle.

Évidemment, un tel engouement pour le tabac attisa immédiatement les appétits... de l'État. La première taxe sur le tabac fut instaurée au début du XVIIe siècle. Fabrication et vente deviennent un privilège royal en 1674. Et Napoléon met en place dès 1811 un monopole d'État touchant culture, fabrication et commercialisation de cette plante particulièrement prisée ! Notamment par l'Empereur lui-même.

La tomate est-elle un légume ou un fruit ?

Qu'elle soit ronde ou oblongue (olivette), la tomate se déguste en sauce, soupe ou salade, crue ou cuite, voire farcie. Elle accompagne aussi très souvent de nombreux plats (notamment dans les recettes provençales ou dans celles des pays du sud de l'Europe). Autrement dit, la tomate se consomme... comme un légume. Et pourtant, sans la moindre ambiguïté scientifique possible, la botanique classe la tomate dans le camp des fruits.

Le mot tomate serait la déformation d'un terme utilisé par les Incas, ce peuple du Pérou qui domine la région des plateaux andins entre le XIIe et le XVIe siècle. Les Incas cultivaient de petites tomates qui ressemblaient à nos tomates cerises actuellement très en vogue. Les Aztèques connaissaient également ce fruit qu'ils appelaient *jitomalt*.

Les marins espagnols qui se lancèrent à la conquête de l'Amérique du Sud au XVIᵉ siècle rapportent donc des plants de ce curieux fruit rouge. Et des monastères de Séville qui n'hésitent pas à se spécialiser dans les raretés végétales du Nouveau Monde se mettent immédiatement à cultiver la tomate. Non seulement le fruit envahit-il rapidement la cuisine de tout le bassin méditerranéen, mais il acquiert également une réputation d'aphrodisiaque qui ne manque pas de faciliter son développement. D'autant qu'un botaniste italien l'affuble de mystérieuses vertus magiques en classant la tomate aux côtés de la mandragore. Il n'en faut pas davantage pour que ce fruit rouge en forme de cœur prenne le doux nom de pomme d'amour.

Tandis que la tomate fait les beaux jours des gastronomes du sud de l'Europe, un scientifique anglais affirme vers 1560 que ce fruit ne doit se manger sous aucune forme. Et sous aucun prétexte. Dans son étude, cet herboriste écouté affirme même que la tomate est tout simplement toxique. Effrayés, les Britanniques se détournent aussitôt de ce fruit défendu. Il faudra attendre 1730 pour que des Anglais courageux commencent à réutiliser la tomate dans la soupe. Entre-temps, la plante s'était contentée d'orner les jardins.

Quant aux États-Unis, ils mettront presque trois siècles pour accepter une tomate qui, aujourd'hui, accompagne pourtant fièrement tous les repas américains à travers l'inévitable bouteille de ketchup. Car au temps de sa splendeur dans le bassin méditerranéen, certains lui trouvaient encore outre-Atlantique un cousinage trop prononcé avec des plantes suspectées de connivences sataniques, comme la mandragore et la belladone.

Il faudra attendre le début du XIXᵉ siècle pour que des

cuisiniers de Caroline du Sud introduisent la tomate dans des sauces et des potages. Finalement, entre 1835 et 1840, une gigantesque opération médiatique conduite par des médecins va délivrer la pomme d'amour des rumeurs infondées qui lui collent à la peau. La tomate devient le produit à la mode. Une sorte de tomatemania s'empare du pays : recettes, conseils, pilules, livres, chroniques dans la presse. Le fruit s'impose comme un aliment indispensable pour garder la santé. Voire comme une plante miracle capable de guérir la toux et de soigner le choléra ! Les Américains ne font jamais dans la demi-mesure.

D'où vient le nom de la célèbre marque Adidas ?

Une histoire très simple ! La multinationale qui commercialise aujourd'hui vêtements, matériel et chaussures de sport fut créée en 1920 par un entrepreneur allemand, Adol Dassler. Le jeune homme vient tout juste de fêter son vingtième anniversaire lorsqu'il invente, notamment, les chaussures à pointes destinées à la course sur piste.

Quatre ans plus tard, Adol (Adi pour les intimes) fonde avec son frère Rudol (Rudi) une société baptisée Gebreder Dassler OHG. Ils s'installent dans la ville de leur enfance (Herzogenaurauch), là où leur père tenait une échoppe de cordonnier. Et avoir un papa dans la bottine et la galoche, ça vous pousse forcément à travailler... d'arrache-pied. L'année suivante (1925), les frères Dassler se concentre sur le football, sport favori d'Adi. Et ils mettent au point une chaussure en cuir munie de crampons. Trente à cinquante paires sortent chaque jour des ateliers.

Dix ans plus tard, à l'occasion des Jeux olympiques de Berlin (1936), un athlète noir, Jesse Owens (1913-1980), remporte quatre médailles d'or (100 mètres, 200 mètres, saut en longueur et 4 x 100 mètres). Un triomphe qui, aux yeux du monde entier, ridiculise Hitler et les suppôts d'une prétendue supériorité de la race aryenne. Aux pieds, Jesse Owens porte des chaussures à pointes conçues par les frères Dassler !

Après douze années supplémentaires de complicité, les deux frères se séparent en 1948. De son côté, Rudi crée Puma (qui deviendra l'un des plus gros concurrents d'Adidas en Europe). Quant à Adol, il se souvient du surnom qui lui colle à la peau : Adi. Trois petites lettres en forme de diminutif. Insuffisant à son goût ! Aussi décide-t-il d'ajouter trois autres lettres (das), celles qui composent le début de son nom. Ainsi naquit Adidas.

Et comme le chiffre trois semble décidément l'obnubiler, Adol adopte l'année suivante les trois bandes comme symbole signalétique de sa marque.

Qui est à l'origine de la première tasse de café ?

Au sud de la péninsule Arabique, sur les plateaux de l'actuel Yémen, un berger nommé Kaldi accompagne comme à l'accoutumée son troupeau de chèvres. Mais, en ce jour de l'année 850, le jeune homme s'étonne de l'exceptionnel état d'excitation de ses animaux. Habituellement si calmes et paisibles, pas une seule de ses bêtes ne tient aujourd'hui en place. Certaines gambadent, sautent et s'éparpillent dans les rocailles, tandis que d'autres se lancent dans des courses inexplicables.

Attentif, Kaldi remarque que ses chèvres mangent les baies rouges d'un anodin arbuste qui n'avait jusqu'ici jamais retenu son attention. À son tour, le berger goûte ces curieuses graines qui semblent produire sur lui le même effet euphorisant. Intrigué, Kaldi décide de rapporter quelques échantillons de sa précieuse découverte au monastère du lieu.

Mais pas un seul religieux ne connaît les mystérieux petits fruits rouges. Cependant, tous prennent l'habitude d'en préparer des infusions qui, ont-ils noté, leur permettent d'estomper les effets de la fatigue. De surcroît, une rumeur se répand aussitôt : apparu à l'un des religieux du monastère, Mahomet lui aurait conseillé de boire régulièrement cet étrange et revigorant breuvage afin de pouvoir prier plus longtemps. Dès lors, la potion prend le nom de *qahwah*.

Peu de temps après, une branche du précieux arbuste

serait tombée dans le feu. Attiré par une odeur à la fois âcre, tenace et envoûtante, un mollah du lieu se risque alors à écraser les grains grillés. Il verse de l'eau bouillante sur la poudre ainsi obtenue, laisse reposer quelques instants, puis boit cette infusion noirâtre qui ressemble bel et bien à la première tasse de café.

Cette charmante légende arabe a rendu le café très populaire dans toute la péninsule Arabique dès la fin du IXᵉ siècle. D'autant qu'un médecin et chimiste d'origine iranienne (Rhazès, 860-923) produit à l'époque une imposante encyclopédie médicale dans laquelle il vante les bienfaits du café (qu'il appelle dans ses écrits *bunchum*). D'abord consommée sous la forme d'une infusion à base de feuilles et de baies fraîches, la boisson aurait ensuite était préparée avec des graines séchées.

Toutefois, sur l'autre rive de la mer Rouge, en Éthiopie et au Kenya, certaines tribus africaines avaient découvert le café une dizaine de siècles avant l'ère chrétienne. Sauf que ces peuples de nomades ne le buvaient pas ! En effet, ils confectionnaient une sorte de bouillie en mélangeant les baies du caféier à des graisses animales. Fort logiquement, certains historiens ont avancé que des peuplades de l'est de l'Afrique auraient donc pu tenter des infusions de feuilles et baies de caféier bien avant le IXᵉ siècle.

La culture du caféier va se développer aux XIVᵉ et XVᵉ siècles (notamment au Yémen, siège de la légende de Kaldi). La boisson se répand immédiatement dans l'ensemble du monde musulman où elle séduit autochtones et sémillants voyageurs européens qui s'attachent à cette stimulante décoction qui sait donner du cœur à l'ouvrage. Et, au XVIᵉ siècle, le café gagnera l'Inde et l'Europe dans une version très proche de ce que nous connaissons aujourd'hui. Les grains délicatement grillés étaient réduits en une fine poudre que l'on plaçait dans l'eau bouillante. Restait à filtrer le liquide à travers un morceau de soie.

Le café est commercialisé à Venise dès 1570 et à Marseille vers 1650. Pour leur part, les Hollandais commencent à cultiver le caféier à Ceylan en 1660 et le Yémen va rapidement perdre son rang de plus gros producteur de ce produit en vogue. Les Français implantent l'arbuste aux Antilles et en Guyane (vers 1720), les Anglais à la Jamaïque. Suivent des pays qui deviendront le paradis du caféier : Brésil (1727), Mexique et Colombie (vers 1800).

À Paris, le premier café se vend à prix d'or dans une échoppe de la Foire Saint-Germain en 1672. Aristocrates et bourgeois de la capitale ne jurent plus que par ce « breuvage euphorisant » qui gagnera le cœur des classes populaires près d'un siècle plus tard.

À défaut d'être à l'origine de la première tasse de café, les célèbres *coffee-houses* d'outre-Manche contribuèrent à assurer une large promotion au produit. Le premier s'ouvre à Londres en 1652. Et à la fin du XVIIe, il y a deux mille cafés dans la capitale anglaise. De quoi rendre furibondes les douces épouses des Londoniens qui passent le plus clair de leur temps libre dans ces endroits à la mode. Au point que les femmes font circuler un célèbre brûlot baptisé *The Women's Petition Against Coffee*. Dans ce texte vengeur, elles affirment avec véhémence que les *coffee-houses* rendent leurs maris « stériles comme les déserts d'où ces grains ont été rapportés » !

Pourquoi a-t-on dans notre calendrier des mois de 28 (ou 29), 30 et 31 jours ?

Il y a un million d'années (paléolithique inférieur), l'homme de la préhistoire éprouve déjà le besoin de percer les mystères du temps. Dans la double acception du mot : le temps qu'il fait et celui qui passe. Dans sa quête de signes, l'*Homo erectus* cherche donc des explications. Car il voudrait mieux comprendre les soubresauts de la nature. D'abord pour survivre. Ensuite pour tenter d'intégrer plus efficacement les conséquences du climat dans ses rythmes de vie.

Certes, cet *Homo erectus* ne dispose bien évidemment pas d'un calendrier pour planifier son activité. Mais dans le souci de guider son propre destin, il a su très vite organiser son temps en fonction des jours et des nuits, puis en s'appuyant sur les phases de la Lune (plus faciles à observer que le mouvement apparent du Soleil). Il s'attache également à repérer et à maîtriser le passage répétitif de moments chauds et secs, puis froids et humides, c'est-à-dire des périodes qui ne s'appellent pas encore les saisons. En fait, certains esprits plus éveillés que d'autres savent déjà constater et déduire en se fondant sur l'observation de phénomènes banals et répétitifs (amoncellement de nuages, orages, vents, vols de certains oiseaux, course des planètes et des étoiles, etc.).

Les premiers « érudits » ont donc une sorte de « calendrier » virtuel dans la tête. Ce qui leur permet d'organiser la vie quotidienne des tribus d'*Homo erectus* qui se déplacent à la cadence des nuits et des saisons, pour s'adonner à leur occupation favorite : chasse et cueillette.

Vous l'aurez compris, à l'image d'aujourd'hui, l'homme préhistorique a parfaitement modelé son existence primitive – essentiellement fondée sur le principe de subsistance – en se référant à des cycles naturels dont il ignore tout : rotation de la Terre sur elle-même, rotation de la Lune autour de la Terre, rotation de la terre autour du Soleil.

Des centaines de millénaires s'écoulent jusqu'à la conquête du feu, qui n'apparaissait auparavant que sous la forme d'orages, d'incendies naturels ou de projections volcaniques. Vers – 400 000 av. J.-C., la production volontaire d'une flamme (l'une des plus fondamentales inventions dans l'histoire de l'humanité) apporte d'abord chaleur et lumière. Mais le feu enfin maîtrisé modifie aussi de façon considérable les habitudes alimentaires en popularisant la cuisson de la viande. Sans oublier qu'il va aussi progressivement contribuer à l'ébauche d'une cohésion sociale.

Désormais, des groupes se rassemblent régulièrement autour d'un foyer, pour se réchauffer, manger, se protéger des animaux sauvages. Outre les soirées et les saisons, des phases récurrentes plus élaborées se construisent. Et ces attitudes nouvelles vont lentement mener aux prémices de la sédentarisation, aux premières cultures de céréales (probablement vers 12 000 av. J.-C. dans la vallée du Nil et en Afrique de l'Est), puis à une agriculture et à un élevage structurés dans le Proche-Orient (vers 7 500 av. J.-C.).

À cette époque-là, les calendriers n'existent toujours pas. Mais le temps semble scander ses rythmes de manière plus impérieuse. Tout simplement parce que les exigences d'un travail planifié et d'un repos nécessaire commencent à émerger. D'autant plus que la sédentarisation se développe et que les balbutiements de la vie en société déboucheront sur une indispensable organisation politique et administrative de la cité. Sans négliger la place considérable (et sans cesse croissante) qu'occupent les rituels religieux liés aux cultes païens de l'époque. Toutes pratiques collectives qui exigent des points de repères précis. Dès lors, à l'aube du néolithique (vers 6 000 av. J.-C.), l'ébauche d'un découpage scientifique du temps qui passe (mesure, division et comptage) va mobiliser les énergies.

De l'ancestral cadran solaire (marquage de l'ombre), en passant par l'observation des astres ou par celle de l'écoulement d'un fluide, l'homme s'attache donc à réglementer le déroulement du temps en un partage rationnel de phases. Inventé par les Chinois vers le IIIe millénaire av. J.-C., le gnomon (cadran solaire rudimentaire) reste le plus ancien instrument spécifiquement conçu pour la mesure du temps. Quant à la clepsydre (horloge à eau), elle voit le jour en Égypte au IIe millénaire av. J.-C. (une clepsydre datée 1 530 av. J.-C. figure au musée du Caire).

De son côté, le classique cadran solaire divise encore les scientifiques. Certains situent son origine en Grèce au VIe siècle av. J.-C. D'autres chercheurs considèrent qu'il a été inventé en Chine ou en Égypte à une époque largement antérieure (il existe de nombreux cadrans solaires gréco-romains datés du IVe siècle av. J.-C.). Enfin, beaucoup plus près de nous (vers le VIe siècle de l'ère chrétienne), on sait que les Byzantins faisaient brûler des bâtons d'encens dont la combustion donnait une indication du temps écoulé. En revanche, le sablier refuse toujours jalousement de livrer la date et l'histoire de ses origines : pour toute réponse, il nous suggère d'aller nous faire cuire un œuf !

Au fil des siècles, l'élaboration d'un calendrier visant à l'étalonnage universel du temps n'a manqué ni d'hésitations ni d'approximations. Dans l'Antiquité, Babyloniens, Égyptiens, Hébreux et Grecs ont entrepris de multiples recherches, souvent convergentes. Dans un premier temps, ces calendriers se fondent sur l'observation du cycle lunaire. Seulement voilà, le mois lunaire ne se divise pas en un nombre entier de jours. Il dure en moyenne 29 jours 12 heures 44 minutes et 3 secondes. Arrondissons à 29 jours et demi. Quant à l'année solaire (c'est-à-dire le temps que met la Terre pour parcourir sa course elliptique autour du Soleil), elle ne se compose pas d'un nombre entier de mois lunaires : il lui faut douze lunaisons plus 10,8 jours.

Ainsi, aux alentours du XVIIIe siècle avant notre ère, Babyloniens et Hébreux optent pour une version lunaire de leur calendrier. Ils élaborent un découpage qui repose sur douze mois, en faisant alterner 29 ou 30 jours. Un calcul fort simple conduit donc à une année de 354 jours. Manquent 11 jours pour s'aligner sur la durée « approximative » de l'année solaire (365 jours). Afin d'éviter une rapide dérive du calendrier par rapport aux saisons, il convenait donc d'ajouter un treizième mois de 33 jours tous les trois ans (11 jours perdus par an au bout de trois ans égale 33 !). Pour retomber sur 1 095 jours (trois années de 365 jours), il fallait que se succèdent deux années de 354 jours, plus une de 387.

Passons sur la complexité des calculs qui s'ensuivirent dans le calendrier hébreux lorsqu'il fallut caser les fêtes religieuses. On se retrouve alors avec six années différentes : 353, 354 et 355 jours pour les années de douze mois ; 383, 384 et 385 jours pour les années de treize mois. Et dire qu'on n'avait pas encore inventé l'aspirine !

Toute la difficulté de l'élaboration d'un calendrier qui conserve son exactitude au fils des siècles (voire des millénaires) réside dans le fait que la Terre parcourt son orbite autour du Soleil en 365 jours 5 heures 48 minutes et 45 secondes (365,2422 jours). Arrondissons à 365,25 jours (365 jours un quart) pour comprendre qu'un calendrier de 365 jours accuse un retard d'une journée tous les quatre ans.

Pour leur part, les Égyptiens mettent au point au Ve millénaire avant J.-C. un calendrier composé de douze mois de 30 jours. Et ils ajoutent cinq jours à la fin de l'année. En 238 av. J.-C., le souverain Ptolémée III, dit le Bienfaiteur, fait même campagne (sans succès) pour ajouter un sixième jour tous les quatre ans.

De leur côté, les Grecs se déterminent d'abord pour une alternance de douze mois de 29 et 30 jours (354 jours au total). Eux aussi décident d'ajouter un treizième mois tous les deux ou trois ans. Ce qui, on l'a vu, ne règle absolument pas le problème. Au VIIIe siècle avant l'ère chrétienne, ils contournent la difficulté en raisonnant cette fois sur une période de huit ans. Les années trois, cinq et huit possèdent treize mois. Restent cinq années de douze mois. Soit un total de quatre-vingt-dix-neuf mois, dont quarante-huit de 29 jours et cinquante et un de 30 jours. Croyez-moi sur parole (ou refaites le calcul !), nous obtenons un total de 2 922 jours pour les huit années concernées. Et, miracle, 2 922 jours divisés par 8 donnent comme résultat : 365,25 jours. Bravo les Grecs ! Sauf que le rythme de huit années manquait un peu de simplicité dans son application.

Le calendrier traditionnel chinois repose lui aussi sur douze mois lunaires de 29 ou 30 jours auxquels s'ajoutent, là encore, un treizième mois intercalaire. Mais le tout se gère ici sur une période de dix-neuf ans ! En référence au cycle de Méton, un brillant astronome athénien du Ve siècle av. J.-C. Celui-ci avait mis en évidence que dix-neuf années lunaires plus sept mois correspondent à dix-neuf années solaires. Le calendrier chinois s'articulait finalement autour de douze années de douze mois, suivies de sept de treize (pour les sept mois supplémentaires du principe de Méton).

Mais venons-en aux Romains. Au VIIIe siècle avant notre ère, ils utilisent un calendrier de dix mois composé alternativement de 29 et 30 jours (soit une année de 295 jours). Puis ils passent à des mois de 30 et 31 jours (total de 304 jours sur l'année). Notons au passage que les mots latins *september*, *october*, *novembris* et *decembris* sont construits sur une racine signifiant respectivement sept, huit, neuf et dix. Ce nom marquant leur rang dans une année qui commence par le mois de mars.

Aujourd'hui, l'étymologie de ces quatre mots ne correspond plus du tout à leurs rangs respectifs dans le calendrier. Car c'était sans compter sur Numa Pompilius (715-672 av. J.-C.) ! En effet, vers 700 avant J.-C., ce souverain romain rajoute fort à propos les mois de janvier et de février, ainsi que le désormais célèbre mois intercalaire.

Après quelques nouveaux atermoiements, les Romains en viennent à composer le calendrier suivant : quatre mois de 31 jours, sept de 29, plus un mois de 28 jours (février). Ce qui donne toujours une année très courte : 355 jours. Au passage, soulignons que le choix de 31 et 29 jours tient au fait que les nombres impairs plaisent aux dieux bienfaisants. Avec un nombre de jours pair, février (*februarius*) incarne quant à lui un mois maudit consacré aux dieux maléfiques (il en fallait bien un !).

Pour compléter cette année de 355 jours, un « petit » mois supplémentaire vient donc à la rescousse. Il ne possède que 22 ou 23 jours et s'intercale, tous les deux ans, entre les 23 et 24 février. Mais, me direz-vous, pourquoi diable à ce curieux endroit ? Tout simplement pour donner l'illusion que février conserve la vocation démoniaque de ses 28 jours (nombre pair). Ce « petit » mois de rattrapage (*mercedonius*) s'insérait comme une espèce de parenthèse au sein de février. Quoi qu'il en soit, sur un cycle de quatre ans, l'année romaine compte 355 jours, puis 377 (355+22), puis de nouveau 355 jours et, enfin, 378 (355+23). Soit au total 1 465 jours à l'issue des quatre années. C'est-à-dire une moyenne de 366 jours un quart.

Le calendrier romain du sémillant Numa Pompilius est manifestement trop long. De surcroît, au fil du temps, les pontifes vont prendre quelques libertés avec la durée « légale » des fameux mois intercalaires. Jeux politiques et magouilles faisant déjà bon ménage, ils abuseront largement de leur pouvoir et allongent ou écourtent les magistratures au gré de leurs propres intérêts ou pour favoriser un ami. Très vite, de telles décisions arbitraires s'éloignent du souci initial : accorder au mieux calendrier et saisons. S'ensuit une invraisemblable pagaille qui ne fait que croître et embellir pendant six cents ans. Conséquence de ce désordre : au dernier siècle avant notre ère, l'équinoxe civil accuse un décalage de trois mois sur l'équinoxe astronomique. On pratique donc les vendanges en plein mois de janvier !

Conseillé par l'astronome grec Sogisène d'Alexandrie,

Jules César va s'employer à remettre de l'ordre dans la maison solaire. En 46 av. J.-C., pour rétablir les équilibres entre calendrier et saisons, il commence par créer une année de... 445 jours connue sous le nom d'année de la confusion. Puis Sogisène propose sa réforme. L'astronome se fonde sur un calcul parfaitement juste puisqu'il estime l'année solaire à 365 jours un quart. Il bâtit donc un calendrier de 365 jours enfin composé d'un nombre fixe de douze mois. Et, pour « rattraper » le quart de journée perdue, il ajoute un jour tous les quatre ans. Il vient d'inventer l'année bissextile.

Cette réforme séduit César et elle entre en vigueur dès 45 av. J.-C. Reste qu'une erreur grossière s'immisce dans cette belle mécanique baptisée depuis lors calendrier julien. Soit le brave Sogisène ne s'exprimait pas clairement, soit les Romains n'avaient rien compris ! Toujours est-il que les brillants esprits au pouvoir rajoutent un jour tous les trois ans (et non pas tous les quatre ans). La plaisanterie va durer trente-six ans. Résultat : la création de douze années bissextiles sur la période au lieu des neuf indispensables.

Il faut donc attendre que l'empereur Auguste corrige la bourde et supprime trois années bissextiles (entre 8 av. J.-C. et 4 ap. J.-C.) pour que le calendrier julien se mette à fonctionner correctement. Le tout ordonnancé dans la forme que nous connaissons encore aujourd'hui. À savoir : sept mois de 31 jours, quatre de 30 et un mois de février de 28 ou 29 jours. Et avec deux mois de 31 jours qui se suivent : *julius* (en hommage à César) et *augustus* (pour célébrer Auguste). En initiant la réforme et en corrigeant l'erreur, l'un et l'autre ne méritaient pas moins que des mois de 31 jours (de surcroît impairs). Ce qui explique que les mois de juillet et d'août possèdent à la suite 31 jours.

Mais revenons à l'innovation fondamentale du calendrier julien, l'année bissextile. Ce mot vient de l'expression suivante : « *bis sextus ante dies calendas Martii* ». Autrement dit : deux fois un sixième jour avant les calendes de mars. Le mot calendes, qui donnera naissance à calendrier, désigne le premier jour de chaque mois (celui où l'on règle les factures).

Pour comprendre ce *bis sextus*, il faut savoir que les Romains décomptaient les jours par rapport à une date exemplaire future que l'on inclut dans le comptage. Et aussi se souvenir que le jour intercalaire était primitivement placé entre le 23 et le 24 février. Ainsi, le 24 février est bien le sixième jour avant les calendes de mars (24 février et 1er mars inclus). Une fois tous les quatre ans, on ajoute deux fois un sixième jour. Et *bis sextus* va donner le mot bissextile pour qualifier les années où le mois de février possède 29 jours.

Globalement, l'ordonnancement du calendrier julien ne va plus changer. Ordre des mois, nombre de jours de chaque mois et nombre de mois ne bougeront plus. Sauf que Sogisène avait commis une petite erreur qui va encore nécessiter une correction. Et c'est précisément en agissant sur les années bissextiles que la réforme va s'opérer.

L'astronome grec avait réalisé ses calculs en considérant que la Terre tournait autour du Soleil en 365 jours et 6 heures. Or notre planète va plus vite puisqu'il lui suffit de 365 jours, 5 heures 48 minutes et 45 secondes ! En considérant que la Terre se déplace sur son ellipse moins vite que dans la réalité, le calendrier julien cumulait chaque année un retard de 11 minutes et 14 secondes sur l'année solaire. Une broutille, me direz-vous ! Certes. Sauf que l'addition se solde par un retard de trois jours tous les quatre siècles.

Au XVIᵉ siècle, le pape Grégoire XIII charge un comité d'astronomes d'élaborer une réforme du calendrier julien. On constate qu'il accuse un retard de dix jours sur l'année solaire. Pour faire de nouveau coïncider équinoxe civil et astronomique, c'est-à-dire calendrier et saisons, Grégoire XIII prend deux décisions. Tout d'abord, il supprime dix jours dans le calendrier julien. Ainsi, en cette année de réforme 1582, on passe du jeudi 4 octobre au vendredi 15 octobre (entre ces deux dates, il y a bien dix jours de différence !). Ensuite, Grégoire XIII modifie le calcul des années bissextiles.

Dès lors, sont décrétées bissextiles les années divisibles par quatre. Avec une particularité pour les années séculaires (multiples de cent) qui deviennent bissextiles si elles sont divisibles par 400. Ainsi, en bonne logique arithmétique, les années séculaires 1700, 1800 et 1900 n'ont pas connu de 29 février. En revanche, à l'instar de 1600, l'an 2000 fut une année bissextile puisque divisible par 400. En appliquant cette même règle, 2100, 2200 et 2300 ne seront pas bissextiles, tandis que l'année 2400 le sera. Notez-le sur vos agendas !

Le calendrier grégorien fonctionne encore aujourd'hui. Mais il affiche toujours un décalage sur l'année tropique (durée entre deux équinoxes de printemps) : trois jours de trop tous les dix mille ans. De surcroît, il ne tient pas compte du ralentissement de la vitesse de rotation de la Terre (un peu plus d'une seconde tous les deux siècles).

Le calendrier grégorien fut appliqué dès octobre 1582 en Italie, en Espagne et au Portugal. La France l'adopte en décembre 1582. On passe du dimanch 9... au vendredi 20. Et nos ancêtres bénéficièrent de deux weekends consécutifs ! Si l'Allemagne du Sud et l'Autriche appliquent la nouvelle norme dès 1584, d'autres pays ne s'y rangent que beaucoup plus tard : 1610 pour la Prusse, 1700 pour l'Allemagne du Nord, 1752 pour la Grande-Bretagne, 1873 pour le Japon, 1912 pour la Chine, 1918 pour l'Union soviétique, 1923 pour la Grèce...

Le décalage dans la mise en application du calendrier grégorien débouche sur d'amusantes conséquences. En effet, les événements qui se déroulèrent dans un pays donné sont datés selon le calendrier en vigueur à ce moment-là sur le territoire en question. Par exemple, la Russie appliquait encore le calendrier julien au moment de la célèbre révolution bolchevique de 1917. Connue sous le nom de révolution d'Octobre, elle s'est en fait déroulée en novembre d'après le calendrier grégorien. De la même façon, selon que l'on se réfère à des historiens britanniques ou à leurs collègues français et espagnols, les dates journalières des traités d'Utrecht (1712-1713) diffèrent sensiblement. Quand cette paix met fin à la guerre de Succession d'Espagne (Philippe V renonce à la couronne de France), la Grande-Bretagne (qui pour sa part reçoit de notables avantages outre-mer) utilise toujours le calendrier julien. D'où le décalage.

Dans un tel environnement où certains pays utilisent le calendrier grégorien tandis que d'autres s'accrochent encore au bon vieux julien, l'anarchie des dates rôde. Reprenons. Le 5 octobre 1582 du calendrier julien équivaut au 15 octobre 1582 du calendrier grégorien (voir plus haut). Un Anglais et un Italien nés tous les deux (selon l'état civil de leurs pays respectifs) le 16 octobre

1582… n'ont pas vu le jour le même jour. En fait, l'Italien serait né le 6 octobre dans le calendrier julien. Il faut donc attendre dix jours pour que son « jumeau » anglais pousse le premier cri.

Au fil des ans, de nombreuses tentatives de réformes furent élaborées pour tenter de détrôner le calendrier grégorien. En France, il y eut bien sûr l'expérience du calendrier républicain, directement issu de la Révolution. Et, aujourd'hui encore, des propositions d'aménagement ou de refonte totale du calendrier grégorien continuent d'attiser les passions. Des recherches parfois originales, voire fantaisistes, émergent régulièrement. Le projet d'un calendrier universel a même retenu l'attention de quelques pays.

Il semble toutefois bien délicat de rompre avec une pratique aussi fortement ancrée dans nos habitudes quotidiennes. Que ceux qui auraient l'ambition de s'atteler à la construction d'un nouvel édifice calendaire se nourrissent d'abord de cette tourneboulante histoire de valse terrestre sous l'œil de l'astre de feu. Juste pour leur éviter de redécouvrir la lune !

D'où vient le nom du cocktail baptisé « bloody Mary » ?

Souvent compliquées les histoires de famille ! Y compris dans l'aristocratie britannique du XVIᵉ siècle. Jugez plutôt. Fille d'Henri VIII d'Angleterre (1491-

1547) et de Catherine d'Aragon, la future Marie Tudor Ire eut à souffrir de la disgrâce de sa mère. Celle-ci fut en effet remplacée par sa demoiselle d'honneur, Anne Boleyn, qui devint à sa place reine d'Angleterre. À la naissance de la future Élisabeth Ire (1533), Anne chasse Marie de la cour. Et la jeune femme doit même reconnaître l'illégitimité de sa naissance.

Marie Tudor Ire succède cependant à Édouard VI (1537-1553), fils d'Henri VIII et de Jeanne Seymour. Cette dernière avait succédé à Anne Boleyn, condamnée à mort pour adultère par un tribunal où siégeait son propre père (1536).

Le mariage de Marie Tudor Ire avec Philippe II d'Espagne provoque une rébellion qui débouche sur un durcissement du régime. Marie impose le catholicisme, fait emprisonner Élisabeth à la Tour de Londres et persécute les protestants. Tout cela ne se produit pas sans effusion d'hémoglobine qui vaut à Marie Tudor Ire le surnom de Marie la Sanglante. En langue anglaise, *bloody Mary*. Le célèbre cocktail composé de jus de tomate et de vodka a pris le surnom de celle que d'aucuns appelaient également Marie la Catholique.

Lorsque Marie Tudor Ire s'éteint (1558), Élisabeth Ire prend sa revanche. Répudiée à la mort de sa mère Anne Boleyn, Élisabeth accède à son tour au trône d'Angleterre. Elle marque son avènement d'un geste fort : le rétablissement de l'Église anglicane. Depuis, de par le monde, on boit des « bloody Mary » ! Pour vénérer la mémoire des protestants massacrés ou pour se réjouir de la disparition de la Sanglante ? Sur ce point de détail, personne ne sait.

Pourquoi la fête de Noël tombe-t-elle le 25 décembre ?

Dans sa tentative légitime de mieux cerner le temps, l'homme de la préhistoire allait tenter de mesurer, découper puis finalement étalonner les rythmes du jour, de la nuit et des saisons (voir *Pourquoi a-t-on dans notre calendrier des mois de 28 (ou 29), 30 et 31 jours ?*). Seulement voilà, l'homme préhistorique s'aperçoit qu'il vieillit. Et qu'il bute inexorablement sur la mort. Aussi, environ cent mille ans avant l'ère chrétienne, dans un ultime geste d'espoir et de confiance irraisonnée en l'avenir, il éprouve la nécessité d'enterrer ses défunts. Volontairement et religieusement. C'est-à-dire en accompagnant cet acte d'un rituel précis, d'une cérémonie structurée. L'homme dit primitif invente ici les premières sépultures qui ne laissent aucun doute sur la volonté de rendre hommage au disparu (offrandes d'os d'animaux, racloirs, coquillages formant des parures, tête calée par quelques pierres, fosses parfois fermées par une dalle).

Près de cent millénaires séparent les *Homo sapiens* archaïques de la naissance du Christ. Et pourtant ! Croyances, angoisses, peurs ou certitudes guident déjà ces premiers comportements sociaux face à la mort. Une attitude qui marque en fait la naissance de l'« homme moderne » comme l'a si justement affirmé l'historien Pierre Chaunu.

Dès lors, grands prêtres, gourous, sorciers, devins,

guérisseurs, rebouteux, envoûteurs, sages convaincus, naïfs béats, fous désenchantés ou habiles sceptiques convertis en charlatans sans scrupule, tous vont – d'une façon ou d'une autre – se lancer dans la lecture de présages censés annoncer l'avenir. Et la démarche fascine puisqu'elle touche aux mystères de la vie. Ces premiers augures savent donc entrer en relation avec des puissances inaccessibles qui peuplent le ciel, l'eau et les entrailles de la terre.

À l'époque des premières religions païennes, les intermédiaires spécialisés dans le dialogue avec l'au-delà affirment qu'ils savent se concilier les faveurs de puissances cachées. Rituels accompagnés d'offrandes, de danses et d'incantations contribuent à conforter le pouvoir de ces « savants » qui disposent à l'évidence d'un ascendant sur leurs compagnons. Et sous prétexte de décrypter les rouages de l'univers, ils initient alors des foules de fidèles aux lois de leurs propres certitudes. En profitant bien évidemment des faiblesses de l'esprit et de l'inextinguible soif de signes surnaturels.

Contrairement aux apparences, ce mécanisme ne nous écarte absolument pas de la célébration de Noël, car il permet de comprendre la réaction en chaîne qui s'ensuivit. Les rituels primitifs ont débouché sur les premiers comportements religieux de masse qui portaient en eux les germes des grands mythes fondateurs de l'humanité. De telles attitudes enfantèrent des cérémonies païennes structurées qui donnèrent à leur tour naissance aux cultes des multiples divinités, pour finalement engendrer les religions monothéistes.

Aux premiers siècles de l'ère chrétienne, les promoteurs de la nouvelle religion s'attachent à détourner leurs fidèles des chemins douteux. Logique : la foi en un seul

Dieu n'est pas compatible avec d'autres croyances. Et surtout pas celles qui conduisent vers les idoles du passé. Certes, la force de la doctrine naissante porte alors le plus grand nombre vers l'Église. Pourtant, même lorsqu'ils se disent convertis au christianisme, d'aucuns continuent de se tourner vers les cultes païens. Les cérémonies dédiées à des symboles éminemment évocateurs comme l'arbre, la pierre et l'eau resteront populaires plus de trois siècles après Jésus-Christ.

Les prêtres chrétiens s'emploient donc à chasser les anciens dieux qui s'incrustent encore dans l'esprit de leurs ouailles. Les divinités gréco-romaines n'ont pas été les plus difficiles à vaincre, car les paysans les avaient abandonnées depuis longtemps. En revanche, ils portaient toujours une grande attention à des idoles plus familières, plus proches de la nature. Surtout celles qui protègent champs, moissons et récoltes (Pan, Priape, les faunes, les satyres ou les nymphes des sources et des bois). Ces « petits » dieux et divinités de seconde zone résistent au temps car chacun dans les campagnes redoute toujours les colères des puissances ténébreuses.

Pendant les premiers siècles de la christianisation, beaucoup tentent donc de concilier – en cachette ! – le nouveau culte officiel avec les anciens rituels païens. Et au sortir même des cérémonies chrétiennes, nombre de convertis se précipitent vers les vieilles divinités qu'ils craignent d'avoir offensées. L'Église va donc mettre au point une véritable stratégie pour parvenir à ses fins : elle va faire coïncider la plupart de ses célébrations festives avec les rituels païens qui n'en finissent pas de disparaître.

Noël, commémoration du jour anniversaire de la naissance du Christ, appartient sans contestation possible à ce type de démarche. Située le 25 décembre, la fête de la Nativité apparaît à Rome en 336. Objectif : supplanter une cérémonie très populaire consacrée au dieu Mithra qui se déroulait jusqu'ici au moment du solstice d'hiver (donc sensiblement à la même date). L'empereur romain Aurélien (212-275) avait même porté au rang de religion d'État le culte de Mithra.

Le nom de Mithra (divinité fondamentale de la mythologie perse) voit le jour vers 500 av. J.-C. Son culte (fort probablement issu de la tradition indienne qui célébrait le dieu Mitra) se diffusera rapidement dans le monde helléniste et romain où il incarne par excellence le dieu solaire. Les cérémonies vouées à Mithra se déroulent dans des grottes ou des cryptes. Et, au IIIe siècle de l'ère chrétienne, elles conservent un faste certain rassemblant encore une foule d'adeptes. Le culte de Mithra était fondé sur un principe initiatique de sept degrés : corbeau, griffon, soldat, lion, Perse, courrier du soleil et, enfin, père (un « père des pères », sorte de futur pape ou de grand maître, jouait le rôle de chef suprême).

La fête de Noël célébrant la naissance de Jésus le 25 décembre va finalement s'imposer à l'Europe occidentale à partir du IVe siècle. Elle substituera habilement le « soleil victorieux » d'origine orientale au « soleil de justice » que symbolise le Christ. De surcroît, pour mener à bien cette conquête des esprits, la hiérarchie ecclésiastique s'appuie astucieusement sur des notions simples qui visent à imposer « la » vérité unique et globale (par opposition à la multitude des dieux du passé). Par parenthèse, autour de l'an mil, les Vikings seront également séduits par cette unicité de Dieu. Eux qui vénéraient une foule de divinités se convertiront sans difficulté à ce principe rassurant de la prière unique pour toutes choses.

Pour gagner la confiance des païens terrassés par les peurs quotidiennes qui se nourrissent de l'ignorance et favorisent l'explosion des superstitions en tout genre, l'Église va donc calquer son attitude sur les rituels du passé. Quitte à emprunter dates et gestuelles de leurs cérémonies au patrimoine culturel (et cultuel) des siècles antérieurs. Par exemple, les Celtes aspergeaient leurs morts d'eau lustrale en utilisant une branche de buis ou de gui (cette eau sacrée avait le pouvoir de chasser les mauvais esprits). Hasard, coïncidence troublante ou mimétisme ? Toujours est-il que les chrétiens appliquent une pratique identique en utilisant l'eau bénite. Quant aux nombreux pèlerinages de l'Église catholique associés aux sources et fontaines, ils ne sont le plus souvent que la copie de fêtes païennes liées au culte de l'eau purificatrice qui figurait au rang de symbole universel dans la quasi-totalité des traditions primitives.

De la même façon, le sapin de Noël puise lui aussi ses racines dans des coutumes ancestrales. Même si l'arbre décoré ne gagne les foyers français qu'à la fin du XIXe, on en trouve mention dans l'Allemagne du VIIe siècle, lorsque le moine saint Boniface place le sapin au rang de symbole de la Nativité. L'évangélisateur s'inspire alors de l'épicéa, arbre de l'enfantement chez les Celtes. Certains voient encore dans le sapin une survivance de la décoration des temples romains avec des branches de gui ou de houx. Quant à la tradition de l'illumination du sapin (et non plus de la simple décoration), beaucoup l'attribuent à Martin Luther. Il aurait placé des bougies sur l'arbre afin de restituer l'éclat des étoiles et d'en rappeler le rôle dans l'épisode de la Nativité.

L'origine de la bûche de Noël, qui fait aujourd'hui la joie du tiroir-caisse des pâtissiers, tient davantage du porte-bonheur. Conservée précieusement depuis l'automne, la plus belle bûche de la ferme était brûlée pendant la nuit de Noël, non sans avoir été aspergée d'eau bénite ou de sel (pour écarter les démons).

Pour sa part, la première crèche de Noël apparaît dans une grotte d'Italie en 1223. Cherchant à imiter grandeur nature l'étable de Bethléem, François d'Assise y avait fait installer une mangeoire remplie de paille, un bœuf et un âne. Un prêtre y célébra la messe de minuit en présence de cette mise en scène dont les santons de Provence seront les héritiers.

De son côté, le Père Noël ne s'impose en Europe qu'au début du XXᵉ siècle. Il s'agit ici d'une réminiscence du saint Nicolas germanique qui couvre les enfants de cadeaux dans la nuit du 5 au 6 décembre. Saint Nicolas porte une grande soutane rouge, une longue barbe, une mitre et une crosse d'évêque.

Ce que nous venons d'expliquer pour Noël s'applique d'ailleurs tout aussi bien à la fête de Pâques qui commémore la résurrection du Christ et prend place à une époque de l'année auparavant consacrée au renouveau et au retour de la lumière. Par exemple, dans les pays nordiques et en Allemagne, on allumait des feux symbolisant la renaissance de la vie agricole. Cette célébration, survivance des anciens cultes solaires, clôturait les fêtes du cycle des feux. Et, en 325, le concile de Nicée établit la fête de Pâques « le premier dimanche qui suit la pleine lune survenant après l'équinoxe de printemps ». Mais il fallut attendre encore deux siècles avant que tous les catholiques placent cette fête mobile du calendrier chrétien (et grégorien) entre le 23 mars et le 25 avril.

Pourquoi appelle-t-on « scotch » le ruban adhésif transparent ?

Passé dans le langage courant pour désigner un ruban adhésif transparent, le mot scotch figure désormais parmi les noms communs dans tous les dictionnaires de français, bien qu'il s'agisse toujours d'une marque déposée. Mais le nom de cette petite bande magique a une histoire amusante.

Le principe même du ruban adhésif fut inventé en 1925 par l'Américain Dick Drew. Jeune et astucieux assistant au laboratoire de l'entreprise 3M, Dick travaille sur la mise au point d'un produit qui pourrait permettre aux industriels du secteur automobile de peindre proprement leurs voitures. Problème : il existe un véritable engouement pour les carrosseries arborant deux couleurs, mais les constructeurs éprouvent la plus grande difficulté à réaliser de tels modèles. En effet, la ligne qui sépare les deux teintes manque souvent de précision. Et les véhicules qui sortent de la chaîne ne possèdent pas la qualité requise (délimitation impeccable, propre et nette entre les deux tons).

Dick Drew met alors au point un adhésif de masquage. Un produit comparable à celui encore utilisé actuellement dans la peinture en bâtiment pour éviter de tacher vitres et moquettes, ou pour délimiter deux zones de peinture. La particularité de ces premiers rubans que la firme 3M livre aux carrossiers va générer une sorte de quiproquo.

Dick a pensé à tout : pour que les ouvriers retirent plus facilement les bandes de masquage, seuls les bords du ruban sont adhésifs. De leur côté, les facétieux peintres carrossiers ne voient dans cette curiosité de fabrication qu'un souci d'économiser de la colle. Et ils franchissent le pas avec humour en baptisant « Scotch » (Écossais en langage familier) cette bande qui leur simplifie la vie. Une désobligeante allusion à la lourde réputation d'avarice que traînent les Écossais. Quoi qu'il en soit, agressive ou amusante, la boutade contribue à la notoriété grandissante du ruban dans les usines automobiles de la fin des années 1920.

En 1930, 3M commercialise un ruban adhésif cellulosique très proche de celui que nous connaissons aujourd'hui. Et, plutôt que d'ignorer la plaisanterie des carrossiers, les dirigeants s'emparent habilement du surnom que les peintres ont amicalement accolé à l'invention de Dick Drew. La firme poussera plus tard l'allusion jusqu'à embellir les boîtes (et l'extrémité du ruban) d'un dessin de tartan (étoffe traditionnelle d'Écosse à larges bandes de couleurs se coupant à angle droit). Né sous le signe de la radinerie, ce scotch-là fera fortune !

Depuis quand les hommes portent-ils la cravate ?

Les premiers phénomènes de mode voient le jour à la fin du Moyen Âge. Et il faut attendre le milieu du

XIVe siècle pour que de véritables tendances vestimentaires commencent à s'imposer. Encore ne touchent-elles que l'aristocratie. En fait, la cour s'empresse de copier les habitudes du roi en matière d'habillement.

A priori fondée sur la recherche de l'élégance, la mode conjugue avec plus ou moins de bonheur les notions de frivolité, de superflu, d'extravagance, voire de provocation. De surcroît, elle a toujours permis à la vanité humaine d'exprimer son arrogance. Ainsi, les codes que véhicule le principe même de la mode s'attachent à ranger dans des catégories sociales ceux et celles qui portent tel ou tel type de vêtements.

Par exemple, jusqu'au XVIe, on interdisait aux roturiers de s'habiller comme les nobles. Mais, vers le XVIIe siècle, l'explosion de la bourgeoisie a poussé les parvenus et autres nouveaux riches des classes moyennes à imiter les comportements vestimentaires de la noblesse. Tissus, chapeaux, coupes des habits, broderies, dentelles, accessoires deviennent progressivement des signes ostentatoires de pouvoir économique et de puissance sociale.

Évolution du machinisme dans l'industrie textile, apparition de matières synthétiques, baisse des coûts de production et développement des grandes surfaces ont achevé le processus menant à la commercialisation de masse de vêtements de prêt-à-porter.

Finalement, cette réaction en chaîne ne fera qu'exacerber et soutenir les phénomènes de mode. Et comment ne pas voir un signe de reconnaissance sociale dans l'immuable costume-cravate que porte le jeune cadre dynamique, l'entrepreneur conquérant ou le manager suffisant ? Il ne s'agit bel et bien là que d'une survivance des codes vestimentaires propres à étiqueter des classes d'individus. Ainsi porter un costume-cravate revient-il à enfiler une sorte d'uniforme qui matérialise l'appartenance à un groupe prédéterminé. Pour prouver que cet habit qui leur colle à la peau appartient au registre des signes distinctifs, il suffit d'observer les efforts démesurés que déploient patrons et ministres pour s'afficher – en certaines occasions bien choisies – avec le col de chemise ouvert. Car en renonçant à nouer leur cravate, ils espèrent souvent... renouer le dialogue.

Bien loin de s'afficher comme un signe de reconnaissance, les premières cravates ont été portées par les légionnaires romains. Plus qu'un accessoire, il s'agit là d'un vêtement de nécessité. Noué à même le cou, ce foulard sert en fait à absorber la sueur. Ensuite, la cravate n'a plus cours pendant plus de dix siècles. Elle refait surface vers le XVIe, sous la forme de collerettes ou de grands cols de dentelle. Puis, dans la seconde moitié du XVIIe siècle, les soldats de Louis XIV se mettent à porter une sorte de foulard.

La vraie cravate apparaît en 1668. Elle ressemble davantage à une écharpe que l'on noue après avoir fait un ou plusieurs tours autour du cou. Généralement blanche cette cravate est le plus souvent ornée de dentelle à ses deux extrémités. Et le terme cravate voit d'ailleurs le jour à cette époque-là, par déformation du mot Croate, tout simplement parce qu'un régiment croate portait ce type de parure.

À la fin du XVIIe survient un épisode militaire qui, selon la légende, va marquer l'histoire du port de la cravate. En 1692, à la bataille de Steinkerque (Belgique) les troupes françaises du maréchal de France duc de Luxembourg (1628-1695) affrontent celles de Guillaume III d'Orange (1650-1702). Champion du protestantisme face à l'hégémonie catholique, Guillaume III a été porté au pouvoir lorsque Louis XIV envahit la Hollande (1672). En 1692, il règne aussi sur l'Angleterre, l'Écosse et l'Irlande.

Au terme de cette fameuse bataille de Steinkerque, les troupes du duc de Luxembourg remportent une brillante victoire. Pourtant, le maréchal aurait donné un ordre d'attaque précipité qui empêcha les officiers français de nouer correctement cette satanée cravate. Dans l'effervescence du moment, ils en auraient passé l'extrémité au travers d'une boutonnière de leur habit (la sixième selon les puristes). Sans le vouloir, ils inauguraient ainsi un « look » quelque peu débraillé. Dignement fêté à son retour dans la capitale, ce régiment aurait alors exhibé cet arrangement empressé, original et « savamment négligé » de leur cravate. Il n'en fallait pas davantage pour que l'aristocratie parisienne adopte la mode de la cravate Steinkerque. Et nombre de femmes se mirent même à suivre cet exemple.

Cette fin de XVIIᵉ siècle va donc promouvoir diverses formes de cravates, de simples rubans de dentelle aussi bien que des foulards de mousseline très travaillés avec « jeux » de dentelle et extrémités nouées. Malgré un réel engouement, la cravate disparaît pendant une bonne partie du XVIIIᵉ siècle. Puis elle refait réellement surface sous le Directoire. Blanche, à motifs en madras ou noire, elle devient alors très engonçante. Dans la foulée, elle donne naissance à la cravate romantique dont chacun commence à soigner l'ajustement.

À partir de la deuxième décennie du XIXᵉ, la cravate s'impose comme l'un des accessoires les plus prisés du dandysme. Et ceux qui se plaisent à professer le culte du beau et de l'inutilité jusque dans ses moindres détails se mettent à vénérer le port de la cravate. Ainsi, à l'époque du dandysme (qui compte dans ses rangs Charles Baudelaire, Oscar Wilde ou Jules Barbey d'Aurevilly), pullulent des manuels sur l'art de l'élégance vestimentaire. Et plus précisément sur la façon d'ajuster, entretenir et nouer au mieux sa cravate !

Baptisé l'arbitre des élégances, George Brummell (1778-1840) institua un véritable rituel dans le choix et l'arrangement de la cravate. La légende veut qu'il en essayait plusieurs dizaines chaque jour avant de se décider. Puis venait la confection du nœud qui devait atteindre la perfection dans l'art suprême du naturel. Comme pour mieux suggérer que l'improvisation se nourrit de l'invisible apprentissage d'une technique laborieuse.

Viendront ensuite le simple nœud autour du cou, puis la cravate-plastron maintenue par une épingle et qui s'étale assez largement sur la poitrine. Apparue à la fin du Second Empire, la régate (ou cravate régate) ressemble de très près à celle que nous connaissons aujourd'hui (avec un nœud d'où sortent deux pans verticaux superposés). À la fin du siècle dernier la lavallière (large bande d'étoffe souple nouée sur la chemise et formant deux coques) obtint un beau succès auprès des artistes, écrivains et poètes.

Quelle est l'origine du poisson d'avril ?

En 1622, le Saint-Siège complète les dispositions du calendrier grégorien adopté en octobre 1582 (voir *Pour-*

quoi a-t-on des mois de 28 (ou 29), 30 et 31 jours ?). Il décide que l'année calendaire devait désormais commencer le 1er janvier. En France, Charles IX avait décrété la nouvelle année au 1er janvier dès 1564.

Pour comprendre l'incidence du nouvel an sur les blagues du 1er avril, il convient de s'arrêter un instant sur la difficulté que rencontrèrent, au fil des siècles, pouvoirs politique et religieux pour arrêter une date officielle marquant le début de l'année.

À l'époque de la fondation de Rome (753 av. J.-C.), le calendrier ne compte que dix mois. Consacré à Mars (dieu de la guerre), le premier mois s'appelle *marcius*. Et le début de l'année tombe tout logiquement le 1er mars. Vers 700 av. J.-C., Numa Pompilius rajoute les mois de janvier et février. Mais la tradition reste la plus forte. Il faut donc attendre le IIe siècle avant notre ère, voire la mise en application du calendrier julien (45 av. J.-C.) pour que le début de l'année soit officiellement fixé au 1er janvier.

L'ingérence du pouvoir catholique dans la vie sociale va ensuite jouer son rôle. L'Église combat durement les festivités liées au nouvel an. Non sans succès puisque ces rituels païens disparaissent purement et simplement dans certaines régions. En 337, le pape Jules Ier fixe la nouvelle année au 25 décembre, jour de la nativité du Christ. Puis vient le tour du 25 mars (vers le XIe siècle), jour de l'incarnation du Christ. Patience, nous approchons de notre poisson d'avril !

Deux mille ans avant l'ère chrétienne, on célébrait déjà la nouvelle année vers la fin mars. En hommage à la déesse de la fertilité, les festivités se prolongaient pendant onze jours. Elles se terminaient par de magnifiques défilés costumés accompagnés de danseurs et de musiciens. Et, bien sûr, chacun participait ou organisait de plantureuses agapes copieusement arrosées. Lorsque le jour de l'an est le 25 mars, il reprend très largement cette notion de fête et de bruit venue de l'Antiquité. La célébration dure alors du 25 mars... au 1ᵉʳ avril. Tous s'emploient à oublier les malheurs de l'année précédente. Dans la joie du moment, on échange des petits cadeaux et on goûte aux charmes d'un rituel qui dure pendant une semaine.

Quand le brave Charles IX décide de faire débuter l'année au 1ᵉʳ janvier, il n'a pas davantage de succès que ses prédécesseurs. Il faudra plusieurs décennies (notamment la décision du pape en 1622) pour que l'édit du roi de France entre vraiment dans les mœurs. Il était donc de bon ton de s'amuser de ceux qui continuaient de célébrer le jour de l'an entre le 25 mars et le 1ᵉʳ avril.

Ensuite, certains se moquèrent plus ou moins ouvertement des retardataires. Finalement, la tradition du poisson d'avril commence à s'imposer. Le jeu consiste à offrir un cadeau stupide ou inutile à ceux qui, imperturbables, s'évertuent à fêter le début de l'année à la mauvaise date. Outre les cadeaux ridicules, la plaisanterie s'accompagne parfois d'invitations à des festivités imaginaires La victime prend alors le nom de poisson d'avril.

Dans cette histoire sur l'origine des blagues du 1ᵉʳ avril, reste à élucider l'utilisation du mot poisson. D'aucuns s'appuient sur l'astrologie en faisant remarquer que le Soleil quitte le signe des poissons à cette époque. Plus concrets, d'autres avancent que l'on doit faire maigre – donc manger du poisson – pendant la semaine sainte (fin mars-début avril).

Pourquoi l'année est-elle rythmée par les saisons ?

Chacun sait que la Terre se déplace autour du Soleil (mouvement de translation) tout en tournant sur elle-même (rotation). Ainsi, au cours d'une année, notre planète décrit une ellipse faiblement aplatie. Ce mouvement de la Terre autour du Soleil s'appelle le plan de l'écliptique. Seulement voilà, les choses se compliquent ! Car l'axe de rotation de notre planète n'est absolument pas perpendiculaire à ce plan de l'écliptique. En fait, il est incliné (de 23° 26') par rapport au plan de translation autour du Soleil.

De surcroît, au cours de ce mouvement de translation, l'axe des pôles conserve une direction fixe dans l'espace et dessine donc une succession (virtuelle) de parallèles.

La combinaison de ces deux spécificités (inclinaison de l'axe de rotation par rapport au plan de l'écliptique et direction fixe de l'axe des pôles dans l'espace) entraîne une variation de la durée d'ensoleillement d'un point donné du globe. Autrement dit, une région déterminée ne reçoit pas la même quantité de lumière aux différents moments de l'année puisque les rayons solaires frappent la Terre avec des incidences en constante mutation. Conséquence : elle subit des différences d'éclairement qui entraînent bien évidemment des fluctuations de température. Et les positions que va occuper la Terre tout au long de sa course annuelle déterminent ainsi l'alternance des saisons.

Dans ce vaste voyage sur le plan de l'écliptique, la Terre va passer en quatre points précis qui marquent le début des saisons : les équinoxes et les solstices. En d'autres termes, printemps, été, automne et hiver matérialisent la période qui sépare les passages successifs du Soleil aux équinoxes et aux solstices. Les équinoxes correspondent aux deux moments de l'année où les deux hémisphères terrestres sont éclairés de la même façon par le Soleil. À ces deux dates, le jour a la même durée que la nuit en tout point du globe. Inversement, les solstices marquent les moments de l'année où les amplitudes entre le jour et la nuit présentent la plus forte inégalité.

Pour le solstice d'été de l'hémisphère Nord, le plus souvent le 21 juin (parfois les 20 ou 22), le Soleil éclaire le pôle Nord et pas le pôle Sud. Ainsi, au cercle polaire boréal, le jour dure vingt-quatre heures, tandis qu'au cercle polaire austral, la nuit se prolonge pendant vingt-quatre heures. C'est le début de l'été dans l'hémisphère Nord et de l'hiver dans le Sud. Tout s'inverse au moment du solstice d'hiver de l'hémisphère Nord (21 ou 22 décembre, plus rarement les 20 ou 23) : le Soleil éclaire le pôle Sud et pas le pôle Nord. L'hiver commence dans l'hémisphère Nord et l'été dans le Sud.

À l'équinoxe d'automne, vers le 22 ou 23 septembre (parfois le 24, rarement le 21), le Soleil éclaire d'une égale façon les deux hémisphères. De même pour l'équinoxe de printemps, le plus souvent le 20 mars (parfois le 21 ou le 22). Et comme les saisons sont opposées dans les deux hémisphères, l'équinoxe de printemps se produit en mars dans l'hémisphère Nord et en septembre dans l'hémisphère Sud. L'équinoxe d'automne a lieu en septembre dans l'hémisphère Nord et en mars dans l'hémisphère Sud. Ceux que cela amusent peuvent donc passer une année complète à se bronzer en plein soleil. À condition d'avoir le loisir (et les moyens financiers) de changer d'hémisphère à bon escient.

Pourquoi a-t-on sept jours dans la semaine ?

Tout d'abord, arrêtons-nous sur la définition même de la journée. Elle correspond au temps **de** rotation de la Terre sur elle-même. Ce laps de temps s'appelle le jour sidéral. Il dure 23 heures 56 minutes... et un peu plus de 4 secondes. Mais le jour sidéral diffère du jour solaire d'environ 3 minutes 55 (0,28 %). En effet, la Terre se déplace autour du Soleil en décrivant une ellipse légèrement aplatie (voir *Pourquoi l'année est-elle rythmée par les saisons ?*). La translation de la Terre (avec un axe de rotation incliné de 23°26' par rapport au plan de l'écliptique) s'opère à une vitesse angulaire inégale. Bref, le jour solaire vrai (temps entre deux passages du Soleil au méridien) n'est pas constant.

Aussi parle-t-on d'un jour solaire moyen. Les astronomes mesurent bien évidemment cette différence entre le jour solaire vrai et le jour solaire moyen. Le décalage atteint son maximum en février et en novembre (environ un quart d'heure). Et il y a coïncidence parfaite autour des 15 avril, 14 juin, 1ᵉʳ septembre et 25 décembre.

Reste la notion de jour civil donné par les Romains à une durée de vingt-quatre heures. Qu'on se rassure : le jour solaire moyen et le jour civil sont égaux. Sauf que le premier est compté de midi à midi et le second de minuit à minuit.

Sans connaître toutes les subtilités de ces calculs astronomiques, Babyloniens ou Assyriens furent les premiers (il y a quatre à cinq mille ans) à diviser la journée en un nombre d'unités qui ne portent pas encore le nom d'heures. Les historiens s'accordent à penser que les journées se composent alors de douze *kaspar*. On passera ensuite à un découpage du temps en douze périodes égales pour le jour et douze autres pour la nuit, une norme utilisée en Grèce et à Rome. Beaucoup plus tard, la vingt-quatrième partie de la journée deviendra l'heure.

Mais venons-en à la fameuse semaine de sept jours dont la durée correspond sensiblement aux phases de la Lune (sept jours un quart). En ajoutant Lune et Soleil aux seules cinq planètes connues de l'Antiquité (Mercure, Vénus, Mars, Jupiter et Saturne), les Égyptiens avaient échafaudé une organisation du temps qui fera finalement ses preuves, un rythme adopté dans la tradition assyro-babylonienne, puis utilisé par l'Occident à partir du IIIᵉ siècle de notre ère.

La conception de la semaine de sept jours sera reproduite dans l'Ancien Testament (Genèse, poème de la création). Plus question de planètes. Dieu crée le monde en six jours et se repose le septième. Pour les juifs, cette dernière journée consacrée à Dieu s'appelle le sabbat. Elle prend place le samedi (avec pour références le coucher du soleil, du vendredi soir au samedi soir). La culture chrétienne reprendra le rythme des Hébreux : six jours de travail et une journée de repos (le dimanche).

Aujourd'hui encore, les noms de chacun des sept jours de la semaine sont marqués par leur origine céleste et latine. Jugeons plutôt.

Lundi (placé sous le signe de la Lune) correspond à *lunae dies* et se dit *monday* en anglais (*mo(o)nday, moon* signifiant lune). Viennent ensuite : mardi, *martis dies* (consacré à Mars) ; mercredi, *mercurii dies* (placé sous l'influence de Mercure) ; jeudi, *jovis dies* (signe de Jupiter) ; vendredi, *veneris dies* (consacré à Vénus) ; samedi, *saturni dies* (jour de Saturne), *saturday* chez les Britanniques (*satur(n)day*) ; et enfin dimanche, *solis dies* (dédié au Soleil), *sunday* en Grande-Bretagne où *sun* signifie soleil. Le dimanche en langue française semble plutôt tirer son origine de *dies dominicus* (le jour du Seigneur).

Dans la langue anglaise, outre les correspondances évidentes déjà mentionnées, il faut se référer à la mythologie scandinave pour découvrir la racine de certains noms. En fait, la vénération d'un dieu viking remplace celle du dieu gréco-romain d'origine. Par exemple, le *tuesday* (mardi) des Anglais en appelle à Tyr (dieu de la guerre, l'exact « jumeau » de Mars). En revanche, *wednesday* (mercredi) n'a que de très lointaines accointances avec Mercure au travers du dieu germanique Wodan (équivalence du Odin viking, dieu de la sagesse et de la poésie). Mais avec le *thursday* (jeudi) des Anglais tout rentre dans l'ordre puisqu'il en appelle à Thor (comparable à Jupiter). Quant à *friday* (vendredi), il semble s'appuyer sur Freyja (déesse scandinave de l'amour et de la fécondité proche de Vénus). À moins qu'il ne s'agisse de Frigg, symbole de l'épouse et de la mère de famille.

Alors, plutôt que de regarder le bout de vos chaussures en reprenant le collier à la fin du week-end, levez le nez en l'air en songeant à la Lune. Et en imaginant déjà votre Vénus du vendredi.

Un violent choc émotionnel peut-il faire blanchir les cheveux en une nuit ?

Aucun scientifique ne peut expliquer comment une magnifique chevelure de jais pourrait se transformer brutalement en une toison laiteuse sous l'effet de la peur. Ou de tout autre traumatisme psychologique. Pourtant, on affirmait autrefois dans les campagnes qu'un tel événement pouvait se produire. Parfois même, en une seule nuit ! Et la légende a continué de vivre son petit bonhomme de chemin jusqu'au milieu du siècle dernier.

Reste qu'il existe peut-être une lointaine explication à cette curieuse rumeur. Les médecins connaissent en effet une maladie qui porte le nom d'*alopecia areata* ou pelade. Le patient atteint (0,1 % de la population) perd alors ses cheveux par plaques. Bien que de nombreux chercheurs s'activent de par le monde autour de cette anomalie, aucun ne sait vraiment expliquer le mécanisme précis de l'*alopecia areata*. Quant aux traitements aujourd'hui disponibles, ils ne brillent malheureusement pas par leur efficacité.

Tout juste sait-on qu'il s'agit probablement là d'un processus auto-immun. Ce terme barbare signifie que l'organisme dirige ses défenses contre ses propres structures (et non pas contre des agents extérieurs). Pour simplifier, la racine du cheveu est perçue comme un corps étranger, ce qui bloque la croissance du cheveu et conduit à sa perte localisée par plaques.

Second point qui nous intéresse ici de près : certains

pensent qu'un choc émotionnel pourrait se trouver à l'origine du mécanisme fort complexe qui déclenche la pelade. De surcroît, tous les scientifiques reconnaissent que l'*alopecia areata* ne s'attaque qu'à des cheveux pigmentés. Jamais elle ne prend pour cible des cheveux blancs.

Imaginons donc un individu à la chevelure poivre et sel très dense. Victime d'un profond traumatisme, il met en branle le processus qui va développer une pelade. En vertu des principes (scientifiquement démontrés) évoqués à l'instant : tous ses cheveux pigmentés tombent... et il ne conserve que les blancs. Pour l'entourage (par exemple, un village du XVIIIe siècle), le choc émotionnel a tout simplement blanchi sa chevelure ! Au fil du temps, les déformations orales successives aidant, une seule nuit avait suffi pour que l'œuvre s'accomplisse.

À une époque où peurs, croyances, superstitions et mystérieuses rumeurs se mélangeaient hardiment, les naïfs ont donc cru qu'un choc émotionnel transformait un poil de jais en crin de neige. Certes, personne ne pouvait alors songer au mécanisme de l'*alopecia areata*. Et même si cette hypothèse ayant conduit à une confusion paraît tirée par les cheveux, elle a au moins le mérite d'exister.

Pourquoi les ongles des mains poussent-ils plus vite que ceux des pieds ?

Tous les enseignants vous le diront : « Il n'y a pas de question stupide. » Pourtant, certaines interrogations paraissent franchement saugrenues. Au point que personne n'ose les formuler face à un scientifique, alors que tout observateur un tant soit peu attentif peut vérifier par l'expérience l'exactitude des faits.

Cette différence de croissance entre les ongles des pieds et des mains appartient sans équivoque possible à la catégorie des énigmes qui stagnent une vie entière dans l'intimité de chaque individu. Oh ! bien sûr, il n'y a pas de quoi se mettre le cortex en ébullition pour si peu. Quant à celui qui trouvera la solution au problème, il a peu de chance d'obtenir une chaire de professeur au Collège de France.

Mais revenons à nos ciseaux ! Effectivement, vous avez tous remarqué qu'il faut se couper les ongles des mains deux fois plus souvent que ceux des pieds. Logique : les premiers poussent en moyenne d'environ cinq centimètres par an. Et pour que les seconds atteignent une longueur identique, il faut attendre deux fois plus longtemps. Quelques dermatologues se sont penchés sur ce problème. Leurs conclusions reposent sur deux observations.

Tout d'abord, un ongle qui reçoit un choc (voire un ongle partiellement arraché) repousse plus rapidement que son voisin. Or, dans la vie de tous les jours, les ongles des doigts subissent de multiples chocs (même anodins) qui pourraient stimuler leur croissance. Et ces microtraumatismes liés à l'activité quotidienne touchent davantage les doigts que les orteils.

Seconde constatation : les ongles poussent plus vite en été qu'en hiver. L'intensité de l'exposition à la lumière du jour jouerait donc un rôle dans le mécanisme de la croissance. Et, sauf pour ceux qui marchent en permanence nu-pieds, les orteils sont davantage couverts que les mains tout au long de l'année.

Finalement, l'action conjuguée des chocs et de la lumière suffirait à expliquer cette différence de croissance qui, désormais, ne vous empêchera plus de dormir.

Pourquoi les Anglais (et quelques autres) conduisent-ils sur la gauche de la route ?

Ce qui constitue aujourd'hui une originalité fut autre-fois la norme. Partout dans le monde, lorsque l'homme battait la campagne pour se rendre d'un village à l'autre, il marchait bel et bien sur la gauche du chemin. Car tout au long de ces voyages pédestres à travers des kilo-mètres de landes ou de forêts désertes, notre routard des temps anciens risquait à tout moment de rencontrer un malandrin. Quelques dizaines de mètres avant de croiser un autre voyageur, rien ne permettant de détecter chez lui des intentions pacifiques ou belliqueuses, chacun se tenait sur ses gardes, prêt à saisir promptement l'épée (située sur la gauche de la ceinture), à l'aide de la main droite. Et pour mettre toutes les chances de son côté, mieux valait marcher sur la gauche du chemin : le meilleur endroit pour contrôler l'amplitude du geste tout en faisant face à l'assaillant.

Pour des raisons semblables, les cavaliers circulaient également sur le côté gauche. D'autant qu'un élément utilitaire allait venir renforcer cette pratique. En effet, au fil des siècles, des espèces de petites bornes jalonnèrent le bord des routes. Elles permettaient aux chevaliers, souvent vêtus d'un lourd attirail (armure, épée), de monter plus facilement sur leurs chevaux. Et comme l'épée se portait toujours sur la gauche (pour en faciliter la saisie de la main droite), les hommes avaient coutume de monter par le côté gauche de l'animal. Encore que, même sans épée, tous les fervents d'équitation choisissent spontanément ce côté-là (voir *Pourquoi rencontre-t-on davantage de droitiers que de gauchers ?*). Quoi qu'il en soit, pour utiliser ces bornes, le cavalier se trouvait sur la gauche du chemin. Et, une fois sur sa monture, il avait donc tendance à y rester.

Jusqu'au milieu du XIIIe siècle, aucun pays n'avait cependant cru bon de réglementer le flot de la circulation. Le pape Boniface VIII (1235-1303), celui qui affirmait que «toutes les routes mènent à Rome», s'engouffra prestement dans la brèche. Aussi conseilla-t-il aux pèlerins qui se rendaient dans la ville éternelle de voyager sur la gauche du chemin. En craignant probablement que ses fidèles n'affrontent les premiers bouchons de l'histoire, Boniface VIII a légitimement gagné le titre envié d'incontestable ancêtre de Bison futé ! Toute plaisanterie mise à part, cet édit papal entraîna benoîtement tous les cavaliers de l'Europe occidentale à circuler sur la gauche pendant plus de quatre siècles.

La révolution se produit vers la fin du XVIIIe siècle avec l'arrivée sur le marché américain d'un nouveau type de chariot : le Conestoga. Tiré par six ou huit chevaux attelés par paires, muni de quatre grandes roues, robuste et maniable, il sert d'abord à transporter du blé dans les vallées de la Pennsylvanie. Très apprécié pour son côté fonctionnel, il s'impose ensuite rapidement dans les États voisins. Puis le Conestoga devient l'indispensable moyen de transport pour toutes sortes de marchandises. Et des chariots similaires voient également le jour en Europe.

Caractéristique essentielle du Conestoga : il ne possède pas de siège pour le cocher. Et, à défaut de bouleverser le sens de l'histoire, cet apparent détail va au moins modifier celui de la circulation. Accrochez-vous !

Pour conduire son attelage, le cocher s'installait sur le cheval de gauche de la dernière paire (la plus proche du chariot). Un endroit stratégique pour contrôler au mieux les animaux et pour utiliser efficacement le fouet (tenu dans la main droite) au-dessus des six à huit chevaux. Conséquence : les chariots de type Conestoga se mirent logiquement à rouler sur la droite de chemins souvent étroits pour ce genre d'engin. Ainsi, en croisant un collègue sur la droite, les cochers (sur leur dernier cheval de gauche) pouvaient surveiller la manœuvre en se retournant. Et éviter par exemple que les roues des deux chariots ne s'entrechoquent. En 1792, la Pennsylvanie, berceau du Conestoga, se devait d'adopter la première loi qui officialisa la conduite sur la droite. Les autres États lui emboîteront le pas.

En Europe, la plupart des pays s'entichèrent de chariots comparables. La même cause produisit donc les mêmes conséquences. De surcroît, la flambée révolutionnaire ne dédaignait pas de jeter aux enfers une coutume initiée par un pape. Et, à la fin du XVIIIe, la France roulait donc à droite. Usage que Napoléon Ier imposera dans tous les pays envahis.

Chacun sait que la Grande-Bretagne échappa aux griffes de l'Empereur. Mais la raison qui distingue aujourd'hui encore les Anglais dans leur façon de rouler se situe toujours au niveau du chariot. En effet, les Britanniques n'adoptèrent pas le Conestoga. Ils lui préféraient un modèle plus petit, souvent tiré par une seule paire de chevaux et – confort *british* oblige ! – muni d'un siège pour le postillon.

Avec un tel engin, le conducteur se plaça tout naturellement sur la droite du siège. Essentiellement pour ne pas gêner un éventuel passager avec le fameux fouet (tenu dans la main droite !). Installé sur la droite du siège, le cocher pouvait donc continuer de rouler sur la gauche du chemin et surveiller la manœuvre lors des croisements. Voilà donc pourquoi les Anglais continuent de rouler sur la gauche de la chaussée. Tout comme de nombreux pays ayant appartenu à l'Empire britannique du XIXe siècle.

Voici une liste (non exhaustive) de quelques pays qui roulent sur la gauche de la chaussée : Australie, Chypre, Guernesey, Grande-Bretagne, Hong Kong, Inde, Indonésie, Irlande, Japon, Jersey, Kenya, Malaisie, Mozambique, Nouvelle-Zélande, Pakistan, etc. Et aussi... Sainte-Hélène ! Il faut dire que Napoléon manquait cruellement de moyens pour imposer sa loi lorsqu'il habita cet îlot désertique de l'Atlantique Sud entre 1815 et 1821.

Enfin, ceux qui souhaiteraient préparer une thèse d'État sur le sujet doivent lire l'ouvrage de Peter Kincaid, *The Rule of the Road : An International Guide to History and Practice* (Greenwood Press, 1986). Ainsi que l'article de George Gould intitulé « The rule of the road », paru en 1908 dans le magazine *Popular Science Monthly*.

Que tout cela ne vous empêche surtout pas de regarder à droite – et à gauche ! – avant de traverser.

Combien de grains contient une poignée de sable ?

Voilà le genre de question qui ne vient pas à l'esprit dans la grisaille glaciale d'un mois de décembre. Du moins dans l'hémisphère Nord ! En revanche, ceux qui se prélassent sur la plage de Bondi, le paradis australien des surfeurs, dans la baie de Sydney, peuvent légitimement s'interroger sur le sujet (voir *Pourquoi l'année est-elle rythmée par les saisons ?*).

En fait, à tout moment de l'année, il existe forcément quelqu'un sur cette planète qui peut se demander combien de ces fichus grains lui coulent entre les doigts, tandis qu'il pioche machinalement la main dans le sable brûlant pour tenter d'emprisonner, souvent sans grande motivation, une poignée de quartz siliceux. Alors, afin de ne décevoir personne, pas même le surfeur de la plage de Bondi captivé par ce livre (on a le droit de rêver !), sachez qu'une poignée de sable (sec et fin) contient environ 22 millions de grains. Tout dépend de la grandeur de la main et de la structure du sable, puisque les grains peuvent mesurer de 0,002 millimètre à plus de 1 millimètre.

D'où vient le nom du célèbre sandwich baptisé « hot-dog » ?

Décidément, ce chien-chaud (traduction littérale, dans le désordre, de *dog* et de *hot*) aura fait couler beaucoup d'encre. Pourtant, des interprétations pour le moins tronquées, voire des versions franchement farfelues, continuent de circuler. D'autant plus étonnant que l'explication historique ne souffre aucune ambiguïté.

Tout d'abord, un petit point de sémantique. Les Américains appellent *wiener, frank* ou *hot-dog* un seul et même produit. Certes, quelques puristes tentent de perpétuer la différence, car il existait à l'origine une distinction entre la saucisse de Vienne (en abrégé *wiener*) et celle de Francfort, la seconde ayant un goût plus corsé. Mais la confusion s'installe quand on sait que l'ancêtre du *hot-dog* s'appelait *wiener wurst* à Francfort. Et *frankfurter* à Vienne. Comme si l'une et l'autre cité rejetaient l'insigne honneur de compter la saucisse au rang des illustres emblèmes de leur propre ville !

Dans les années 1880, un Bavarois, Antoine Feuchtwanger, débarque sur la côte américaine. Il s'installe à Saint Louis (Missouri) pour se lancer dans le commerce de la saucisse. En 1904, Antoine a l'idée d'offrir à ses acheteurs des gants blancs (en coton) afin qu'ils puissent déguster ses délicieuses saucisses fumantes... sans se brûler les doigts. Malgré un réel succès de curiosité, l'opération ne semble pas viable, car les gants coûtent cher et ne sont pas réutilisables.

Antoine pose alors le problème à son beau-frère, un créatif boulanger qui imagine aussitôt la fabrication de longs petits pains spécialement adaptés pour recevoir une saucisse. Il suffisait d'y penser ! C'est ainsi que démarre la vente des fameux *hot-dogs* (avec saucisse et pain chaud). Mais ils ne portent toujours pas ce nom.

Charles Feltman, lui aussi émigré allemand, se lance à corps perdu dans l'aventure. Il ouvre une première boutique à l'intérieur du parc d'attractions de l'île de Coney, au large de New York. Quant au patron du City's Polo Grounds de New York, il flaire également le bon filon. Son chef cuisinier ajoute quelques condiments sur l'« objet » fumant et il demande à ses vendeurs d'apostropher le chaland en criant : « *Red-hot ! Get your red-hot dachshund sausage !* » Traduction littérale : « Achetez votre *dachshund* saucisse rouge chaude ! » Au début du XXᵉ siècle, le mot *dachshund* s'applique (de façon péjorative) à maints produits d'origine allemande. Mais ce terme désigne aussi un basset ou un teckel. Bref : un chien.

Survient dans le décor un dernier personnage : Tad Dorgan, dessinateur humoristique, notamment spécialisé dans le sport. Toujours à l'affût d'une idée, Tad observe les exubérants vendeurs du Polo de New York. Puis il les croque en représentant un basset qui aboie. Et il baptise Hot-Dog le personnage de sa nouvelle série de dessins. Le mot s'impose immédiatement.

Un des employés de Charles Feltman, Nathan Handwerker, portera le *hot-dog* au rang de véritable institution en fondant dès 1916 la Nathan's Famous Inc. L'entreprise connaîtra un fulgurant succès. Depuis, les Américains n'ont jamais su se passer de leurs *franks*, *wieners* ou autre « chien-chaud ». Aujourd'hui, que ce *hot-dog* soit composé de bœuf, porc, poulet, dinde, mouton ou veau, ils n'en consomment pas moins de 20 milliards par an !

Pourquoi le blazer bleu est-il devenu un vêtement classique ?

Veste bleue (d'un bleu que d'aucuns qualifient de marine), avec à l'origine un écusson sur la poitrine, le blazer a connu un vif succès pendant plusieurs décennies. Et, aujourd'hui encore, son classicisme ne se dément point.

Collège bon chic bon genre des quartiers huppés, élégants dîners en ville ou mariages pimpants, sans oublier le communiant et les clubs de bridge ou de tennis, partout le blazer bleu a su conquérir des générations de gentlemen distingués, de gandins coquets, de dandys gracieux, d'homme d'affaires endimanchés et de potaches disciplinés. Comme si, par magie, il transformait le plus affreux crapoussin en radieux mirliflore.

À n'importe quel âge et quelle que soit l'occasion, le jour où une femme désemparée ne sait plus comment habiller son mari (son père ou son fils), elle opte pour le blazer, assurée par avance que son choix fera l'unanimité dans la famille. Classique, habillé mais pas trop, le blazer sied à tous !

Le blazer a pour origine un bateau de la flotte de Sa Gracieuse Majesté, à l'époque la reine Victoria (1819-1901). En ce milieu du XIXᵉ siècle, le commandant du navire en question se lamente sur la tenue dépenaillée et bigarrée de son équipage. Aussi décide-t-il de les obliger à porter tous les mêmes vêtements. À savoir : une veste en serge bleue (tissu de laine sec et serré) munie de boutons portant une ancre de marine. L'uniforme fait immédiatement sensation. Au point que clubs de sport et collèges emboîtent le pas du commandant. Au fait, comment s'appelait le navire en question ? *Le Blazer.*

Non seulement la mode du blazer gagne la Grande-Bretagne, mais elle traverse aussitôt l'Atlantique et la Manche. Ainsi, vers la fin du XIXᵉ siècle, tous les élégants bourgeois de la planète avaient porté, au moins une fois dans leur vie, le célèbre blazer. Un uniforme militaire qui pouvait s'enorgueillir d'avoir submergé la société civile... à cause d'un commandant particulièrement méticuleux.

Quand a été construite la Grande Muraille de Chine ?

Environ quatre siècles avant notre ère, de nombreuses fortifications furent édifiées dans les États du nord de la Chine. Mais il ne s'agissait là que de modestes remparts de terre et de cailloux. D'ailleurs, sensiblement à la même époque, la Russie méridionale possédait des villages fortifiés avec fossés, terre-pleins et murailles de pierre. Autant de constructions d'essence militaire qui visaient, dans un cas comme dans l'autre, à se protéger d'un assaillant potentiel.

La Grande Muraille de Chine va prendre forme entre le IVᵉ et le IIᵉ siècle av. J.-C. Construits avec d'énormes blocs de pierre, recouverts ensuite de briques, les différents tronçons seront réunifiés à la demande de l'empereur Shi Huangdi. Les travaux commencent vers 204 av. J.-C. La Chine nouvellement unifiée se dote ainsi d'une frontière fortifiée de plus de trois mille kilomètres de long. La construction de ce gigantesque rempart, destiné à protéger le pays contre les incursions ennemies, aura vraisemblablement employé quelque trois cent mille ouvriers (paysans et prisonniers).

La Grande Muraille sera en partie reconstruite et renforcée (avec ici ou là des modifications de son tracé) entre le XIVᵉ et le XVIᵉ siècle. L'impressionnant édifice mesure entre six et dix mètres à sa base pour une hauteur moyenne d'une dizaine de mètres. Les parois sont légèrement inclinées. Des murs crénelés protègent de part et d'autre le chemin de ronde pavé (environ cinq mètres de large) qui, de surcroît, possède des tours de garde carrées et des fortins. La Grande Muraille dispose également d'ouvertures qui permettent l'accès aux grandes voies de communication. Ainsi propose-t-elle, par endroits, des ramifications qui doublent (voire triplent) son tracé. Conséquence : la longueur réelle de l'édifice atteint probablement quatre mille kilomètres.

Cependant, la démesure titanesque de l'ouvrage ne doit pas vous inciter à propager une rumeur aussi stupide que tenace. À l'inverse militez largement pour lui tordre le cou ! Voici l'affaire. Sur la foi d'une information erronée figurant (à l'origine) dans un jeu de société très populaire, beaucoup continuent d'affirmer – et de croire – que la Grande Muraille de Chine est la seule construction humaine visible à l'œil nu depuis la surface de la Lune. Qu'on se le dise une bonne fois pour toutes, il s'agit là d'une assertion complètement fausse. N'en déplaise aux animateurs de jeux télévisés qui ressassent régulièrement cette question (et la mauvaise réponse).

Pour le vérifier, il suffit de regarder les photos (largement diffusées en livre et sur différents sites Internet) provenant des missions d'exploration lunaire effectuées entre le 20 juillet 1969 et le 11 décembre 1972. Pour qui souhaiterait se persuader plus avant de l'absurdité de cette sottise persistante, ils ont la possibilité d'écouter Alan Bean, l'un des deux astronautes d'Apollo 12.

En compagnie de Charles Conrad, Alan Bean a parcouru trois kilomètres sur le satellite naturel de la Terre (le 19 décembre 1969). On peut légitimement lui faire confiance. Interrogé précisément sur la rumeur concernant la Grande Muraille de Chine, il explique : « La seule chose que vous pouvez voir depuis la Lune, c'est une magnifique sphère, blanche la plupart du temps (les nuages), un peu de bleu (les océans), quelques taches de jaune (les déserts) et, de temps à autre, du vert provenant de la végétation. À cette distance, aucun objet créé de la main de l'homme n'est visible à l'œil nu. »

Mais la rumeur a toujours eu la peau épaisse. Attisée par la bêtise qui se nourrit de l'ignorance, elle exige un coup fatal pour l'achever. Alors, livrez-vous à ce calcul fort simple. La distance moyenne qui sépare la Terre de la Lune est de 384 400 km et la largeur de la Grande Muraille de Chine au plus de 10 m. Petit jeu : divisez par 1 000 les deux nombres. La distance devient 384 km et la largeur, 1 cm. Peut-on voir un objet de 1 cm de large à 384 km de distance ? Divisons encore le tout par 10. Peut-on voir un objet de 1 mm d'épaisseur à 38 km de distance ?

La réponse est bien évidemment négative dans les deux cas. Ou alors, tous les opticiens de la planète auraient dû faire faillite depuis longtemps ! Quant à la longueur de la muraille, elle n'a aucune incidence sur la démonstration. Puisque personne ne peut percevoir l'épaisseur du trait depuis la Lune, il n'y a donc pas de trait, si long soit-il sur la Terre.

Comment l'alphabet a-t-il été composé ?

Vaste programme ! Pour bien comprendre l'évolution qui a permis à l'homme de transcrire les sons du langage parlé et de représenter les nuances de sa pensée, il convient de revenir aux sources d'une prodigieuse invention : l'écriture.

En fait, nombreuses sont les civilisations qui ont tenté d'élaborer un système de signes visant à fixer les mots que l'on se contentait jusqu'ici de prononcer. D'ailleurs, vers 25 000 avant notre ère, quand les hommes préhistoriques produisent les premières peintures rupestres, n'inventent-ils pas une forme de communication balbutiante ? Comme si l'art pariétal esquissait déjà une fonction sociale. Car en décrivant par le dessin et la couleur des scènes de la vie quotidienne, l'œuvre transmet finalement un message durable. Qu'elle soit strictement pratique (préparation par l'image d'une chasse), religieuse, symbolique ou purement artistique, une telle représentation contribue de toute façon à développer des enjeux de mémoire. Elle s'inscrit en cela dans une dynamique du temps qui caractérise tout message « écrit ».

Mais venons-en réellement au tout premier système d'écriture. Il fut élaboré par les Sumériens, vers 3300 avant notre ère. Ce peuple du Moyen-Orient vivait non loin du golfe Persique, entre le Tigre et l'Euphrate, dans une région que l'on appellera plus tard Mésopotamie (c'est-à-dire « pays entre les deux fleuves »).

En ce IVe millénaire av. J.-C., le monde sumérien regroupe une douzaine d'États qui possèdent chacun une ville fortifiée organisée autour du temple (consacré à la divinité locale) et du palais royal. De nombreux villages s'éparpillent sur le reste du territoire. Car si l'élevage et l'agriculture tiennent une place de choix, la civilisation sumérienne est éminemment urbaine.

Un tel contexte a une importance fondamentale dans le développement de l'écriture sumérienne. En effet, elle répond aux impératifs liés à une bonne administration de la société : enregistrement de données, codification des lois, élaboration de rituels religieux, diffusion d'édits royaux. Les archéologues ont ainsi découvert des milliers de tablettes d'argile recouvertes de signes représentant très schématiquement un objet ou un être vivant.

Au début, les scribes sumériens écrivent avec la pointe d'un roseau. Il sera par la suite taillé en biseau, ce qui produira dans l'argile une empreinte triangulaire en forme de coin ou de clou, *cuneus* en latin. D'où le nom de ce type d'écriture dite cunéiforme. À l'origine, les pictogrammes ainsi dessinés se contentent de reproduire des objets, personnages et animaux, sans référence aucune à la forme linguistique du mot prononcé (c'est-à-dire sans transcription des sons accolés à ce mot).

Mais le système va rapidement s'enrichir de notations symboliques ou d'adjonctions graphiques qui servent cette fois à exprimer des notions abstraites. Le pictogramme devient un idéogramme. À ce stade, il ne représente plus seulement une chose, il peut aussi évoquer le nom de l'objet et transcrire des actions ou des idées. Et dès qu'il se rapprochera de la langue parlée, le pictogramme va alors représenter un son. Un tel système graphique phonétique débouche donc sur la possibilité d'écrire des mots. Il ne s'agit plus d'un aide-mémoire qui se cantonne à juxtaposer des éléments rappelant des choses.

Tous ces progrès se feront au prix d'une lente évolution jalonnée de longs tâtonnements. D'autant que l'on attribuait à l'écriture une origine divine. Apprentissage complexe, calligraphie minutieuse et dimension sacrée se conjugueront pour maintenir l'écrit dans une caste privilégiée. Réservée à une élite qui détient pouvoir et puissance, l'écriture s'en remet aux mains expertes des scribes officiels.

Le système mis au point par les Sumériens va suivre un cheminement somme toute naturel, lié aux échanges entre les peuples de la région. Ainsi, vers 2350 av. J.-C., un certain Sargon entreprend d'unifier les cités d'Akkad, un pays situé au nord de Sumer. Les Akkadiens ont sensiblement le même mode de vie que leurs voisins, mais ils appartiennent à une autre ethnie et parlent une langue différente.

En s'assurant le contrôle de Sumer, Sargon s'ouvre la voie du golfe Persique et unit la Mésopotamie au sein d'un vaste empire. Région où domineront bientôt les Babyloniens (vers 1900 à environ 850 av. J.-C.), puis les Assyriens (vers 850 à 612 av. J.-C.), et de nouveau les Babyloniens (jusqu'en 539 av. J.-C.) sous l'impulsion du célèbre Nabuchodonosor.

Au gré des multiples mouvements de troupes qui s'échelonnent sur près de dix siècles, l'écriture cunéiforme joue forcément un rôle de premier plan. Les Akkadiens optent pour le système sumérien. Cependant, à l'instar d'autres peuples du Moyen-Orient, ils le transforment et l'adaptent à leur propre langage (l'écriture akkadienne comporte déclinaisons et conjugaisons).

Soulignons que, dans l'écriture cunéiforme (autour de 1500 à 600 av. J.-C.), pictogrammes, idéogrammes et signes phonétiques alternent, ce qui implique qu'un texte ne se lit jamais couramment, mais qu'il doit se déchiffrer (d'autant qu'un signe possède parfois une double valeur, idéographique et phonétique). Toutefois, même si nous sommes encore loin d'un alphabet universel, ce mode de transcription s'affirme comme un véritable système d'écriture international dans l'ensemble de la région. Il sera utilisé par les Babyloniens et les Assyriens, voire, beaucoup plus au nord, en Anatolie (sensiblement l'actuelle Turquie), par des peuples comme les Hittites (vers 1900-1200 av. J.-C.) qui parlent pourtant une langue indo-européenne.

Pour sa part, la civilisation égyptienne s'épanouit à partir de 3100 av. J.-C. Elle élabore un système d'écriture qui voit le jour quelques siècles après les plus anciennes tablettes sumériennes. Là encore, alternent idéogrammes et signes phonétiques. Plus tard, les Grecs désigneront cette transcription sous le nom de hiéroglyphes (de *hiero*, sacré et de *glyphe*, gravé). On retrouve une nouvelle fois ici la notion d'une émanation divine de l'écrit.

Gravés à l'origine dans la pierre (en relief ou en creux), les hiéroglyphes se lisent de droite à gauche ou de gauche à droite. Et ils se suivent aussi bien dans un ordre vertical qu'horizontal. Si vous souhaitez déchiffrer des hiéroglyphes, sachez que la direction du regard des personnages et des animaux indique le début du texte et détermine donc le sens de la lecture.

Les plus anciens documents égyptiens écrits remontent à 2900 avant notre ère et, vers 300 av. J.-C., les scribes du delta du Nil utilisent toujours ces hiéroglyphes lorsque Alexandre le Grand fonde Alexandrie. Mais à la différence notable de l'écriture cunéiforme inventée par les Sumériens, jamais les hiéroglyphes égyptiens ne serviront à transcrire une autre langue.

Le long de la vallée de l'Indus (fleuve de l'Inde et du Pakistan actuels), une autre grande civilisation s'est développée entre 2500 et 1500 avant l'ère chrétienne. Elle disparut mystérieusement en laissant de nombreux objets portant diverses inscriptions, mais sans livrer les clefs de son système d'écriture (idéogrammes) qui n'a toujours pas été déchiffré. Malgré de multiples échanges avec la civilisation mésopotamienne, les peuples de la vallée de l'Indus n'ont pas adopté le mode d'expression suméro-akkadien.

Reste l'écriture chinoise. Ses plus anciens témoignages datent des débuts de la dynastie Ying (1401-1122 av. J.-C.). Il s'agit là d'inscriptions divinatoires gravées sur des os ou des carapaces de tortues. Dans le système chinois, où les éléments sont dérivés les uns des autres, chaque idéogramme représente à la fois un mot et un son. Utilisé de nos jours, ce mode de représentation n'a guère évolué depuis sa création. Tout juste a-t-il subi quelques réformes simplificatrices au XVIIe siècle, puis en 1957 et 1976.

Mais revenons à notre alphabet. Paradoxalement, il n'a été inventé ni par les Babyloniens ni par les Égyptiens. À l'apogée de leur puissance, ces deux brillantes civilisations maniaient pourtant avec une étonnante habileté des concepts philosophiques, artistiques, politiques, administratifs, architecturaux ou sociaux. Ces cultures qui véhiculaient une intense activité intellectuelle s'arrêtèrent sur la route qui aurait pu les conduire vers une écriture alphabétique.

L'alphabet voit le jour au IIe millénaire avant notre ère. Il émane des Phéniciens (appelés au début Cananéens), une civilisation qui vit à l'origine sur les rives de l'actuel Liban et qui se développe entre 1200 et 146 av. J.-C. Audacieux marins, les Phéniciens explorent les pays qui bordent la Méditerranée avec leurs splendides navires remplis de bois de cèdre, d'étoffes pourpres, d'ivoire et de verre coloré. Au VIIIe siècle av. J.-C., ils s'installent à Malte, en Corse, en Sardaigne, en Sicile et jusqu'en Espagne. Avec un exceptionnel point d'ancrage en Afrique, à Carthage.

En fait, ces marins qui contrôlent le commerce en Méditerranée éprouvent la nécessité d'élaborer des contrats avec des peuples qui parlent parfois des langues voisines mais qui n'utilisent pas les mêmes transcriptions. Et les Cananéens s'appliquent donc à rationaliser par écrit leurs échanges dès 1700 avant J.-C.

Pays de cocagne, Canaan se situe sur la côte de l'extrême est de la mer Méditerranée. Son nom antique correspond à une bande de territoire côtier (aujourd'hui Israël, Liban et Syrie) riche, fertile et ô combien convoité par ses voisins égyptiens et mésopotamiens. Quoi qu'il en soit, ce peuple de marchands – et non pas d'intellectuels – va mettre au point l'alphabet entre 1500 et 1200 avant l'ère chrétienne.

Les archéologues ont retrouvé les traces de deux transcriptions alphabétiques. L'une à Ougarit (actuelle Syrie), l'autre à Byblos, deux cents kilomètres au sud (actuelle ville de Djebail, nord de Beyrouth, au Liban). L'originalité de ces deux écritures réside dans le fait que les Phéniciens ont poussé à l'extrême la signalétique phonétique. On a cru que l'écriture suméro-akkadienne et égyptienne utilisait déjà des idéogrammes phonétiques. Notamment pour construire des sortes de rébus susceptibles d'exprimer des abstractions complexes. En approfondissant cette approche, les Cananéens créent finalement des sortes d'acronymes, c'est-à-dire des sigles formés par la lettre initiale des syllabes. Apparaît ainsi un système d'acronymes constitués d'un, deux ou trois signes. Chacun correspond à un son et leur juxtaposition permet de transcrire des mots. Rien à voir avec la représentation figurative des pictogrammes, ni celle, plus symbolique, des idéogrammes.

L'alphabet d'Ougarit se compose de trente signes différents qui correspondent chacun à ces sons isolés. Mais il ne s'imposera pas. En revanche, celui de Byblos, composé de seulement vingt-deux signes, se propage au Xe siècle avant notre ère dans ce centre commercial très actif. Finalisé entre le IXe et le VIe siècle av. J.-C., il donnera naissance à notre alphabet d'aujourd'hui. Soulignons que, dès l'origine, l'ordre des signes (sons) correspond à peu près à celui des alphabets ultérieurs. À ce jour, aucun scientifique n'a pu déterminer les raisons qui présidèrent à l'établissement de ce classement qui n'a forcément rien à voir avec le hasard.

À partir du IXe siècle av. J.-C., la brillante culture qui voit le jour en Grèce continentale adopte l'alphabet phénicien. Mais il faudra encore quatre siècles (en raison de l'exceptionnelle diversité linguistique du monde hellénique) pour parvenir à une relative stabilité de l'alphabet grec. Celui-ci va se répandre en Asie Mineure, en Afrique et dans les civilisations étrusques et latines.

Ainsi, les spécialistes s'accordent sur le fait que tous les alphabets ont une filiation directe ou collatérale avec celui des Phéniciens. Pourtant, cette parenté avec une même source proche-orientale a généré une considérable dissemblance – que personne ne sait vraiment expliciter – entre l'alphabet hébreu, arabe, cyrillique ou romain.

En revanche, les Chinois n'adoptèrent pas le système alphabétique. Quant à l'Inde, elle n'utilisa l'écriture que vers 200 av. J.-C. Il semble que son alphabet dérive de celui des Araméens (peuple sémite nomade de Mésopotamie du Nord qui, entre 1200 et 700 av. J.-C., occupait un territoire qui correspond sensiblement à l'actuelle Syrie). Rien d'étonnant puisqu'ils jouèrent également un rôle (tout comme les Cananéens) dans l'évolution de l'alphabet phénicien et qu'ils possédaient un évident savoir-faire en la matière.

Le sanskrit, forme savante dans laquelle sont écrits les premiers textes brahmaniques de l'Inde, dérive lui aussi de l'alphabet araméen. Plus tardivement, les textes sanskrits ont été rédigés dans une écriture appelée la « devanagari » (employée pour transcrire la langue officielle de l'Inde).

Il faut enfin rappeler qu'il existe actuellement entre trois mille et sept mille langues parlées à la surface du globe. Un tel manque de précision montre que les linguistes éprouvent une grande difficulté pour établir un décompte fiable et précis. Selon les spécialistes, près de 90 % des langues vont s'éteindre d'ici à la fin du siècle prochain. Et sur l'ensemble des langues parlées, seulement trois cents (environ) sont écrites, celles qui possèdent vraisemblablement les plus grandes chances de ne pas disparaître.

D'où vient l'expression : « Cela fera du bruit dans Landerneau » ?

En 1796, une pièce de théâtre d'Alexandre Pineux-Duval (1767-1842) obtient un vif succès populaire, tandis que les sanglantes années de la Révolution s'éteignent dans la douleur et que la Convention cède tout juste sa place au Directoire (26 octobre 1795). Consciences tourneboulées, déserteurs, émigrés, exilés volontaires ou forcés, rien ne manque en cette période troublée. Ce qui explique probablement l'engouement du public pour la comédie de Pineux-Duval.

Dans cette pièce intitulée *Les Héritiers*, l'auteur raconte l'histoire d'un « revenant ». L'officier de marine, laissé pour mort, retrouve en effet sa famille et constate amèrement que ses proches s'empressent de se partager l'héritage plutôt que de regretter le défunt. Thème classique. Le domestique apprend la nouvelle du retour et s'écrie : « Oh ! le bon tour ! Je ne dirai rien, mais cela fera du bruit dans Landerneau. »

Pourquoi Landerneau, paisible cité proche de Brest ? Probablement par pure affinité régionale, Alexandre Pineux-Duval ayant vu le jour à Rennes ! Reste que cette réplique va s'imposer comme une véritable locution proverbiale.

Dans son *Dictionnaire de l'argot parisien* (1872), Lorédan Larchay cite son sémillant rival, Alfred Delvau, enfant du pavé de Paris, romancier et chroniqueur incisif. Décédé l'année même de la parution de son remarquable *Dictionnaire de la langue verte* (1867), Delvau rapporte l'expression sous une forme très légèrement différente : « Il y aura du bruit dans Landerneau. » Et il donne l'explication suivante : « Se dit ironiquement d'une chose destinée à émouvoir un certain monde seulement, celui des lettres et des arts. » Lorédan Larchay ajoute que « Landerneau a été mis là sans raison, comme une petite ville éloignée dont le nom a paru bizarre ».

Dans la tradition orale du Nord-Finistère, aux confins

97

du pays de Léon, certains évoquent le bagne de Brest pour éclairer les mystères de l'expression.

À l'instar de Vidocq (1775-1857), nombre de prisonniers condamnés aux travaux forcés s'évadaient du lieu. Aussitôt, les gardiens sonnaient le canon que l'on entendait probablement à une quinzaine de kilomètres de là. Ainsi, chaque fois qu'un forçat s'échappait, d'aucuns auraient pris l'habitude de scander (au son du canon) : « Cela fera du bruit dans Landerneau. » Mais ici, à l'inverse de la citation clairement présente dans la pièce d'Alexandre Pineux-Duval, les références précises manquent pour étayer une telle interprétation.

Il ne faut pas se contenter de ces explications sur l'origine de l'expression. En effet, le mot landernau, sans majuscule, est un substantif masculin qui désigne un « petit cercle », selon le *Dictionnaire d'orthographe et expression écrite* d'André Jouette. La nuance s'exprime d'ailleurs déjà chez Delvau (« chose destinée à émouvoir un certain monde seulement »).

En fait, le « petit cercle » en question possède des caractéristiques spécifiques, le plus souvent liées à l'activité professionnelle. Ainsi parle-t-on du landernau des chauffeurs de taxi ou de celui des pharmaciens. Une légère connotation corporatiste à la clef. Dans ce cas, l'expression correcte devient : « Cela fera du bruit dans le landernau des musiciens. » Sans majuscule à landernau. Et avec « le » en plus ! Une expression parfaitement limpide quand on connaît l'acception du terme landernau, c'est-à-dire : « Cela fera du bruit dans le petit cercle des musiciens. »

Seulement voilà, landernau peut aussi s'écrire avec une terminaison en « eau ». D'où la probable confusion avec la ville, à la majuscule près. Aussi lit-on parfois cette expression parfaitement erronée et sans aucun fondement : « Cela fera du bruit dans le Landerneau. » Ceux qui écrivent : « Cela fera du bruit dans le landerneau », sans majuscule, ne sont pas davantage inspirés. Le landerneau (ou landernau) de qui ?

N'en doutons pas, cette mise au point fera du bruit dans le landernau très restreint des scribes distingués.

Pourquoi le vendredi 13 est-il considéré comme un jour de chance ?

Curieux attelage que ce vendredi jumelé au nombre 13 ! Car en accumulant la lourde charge néfaste véhiculée par l'un et l'autre de ses deux éléments, cette journée acquiert, comme par magie, une réputation de mirifiques espoirs et de folles promesses.

Depuis les premiers siècles de l'ère chrétienne, le vendredi a toujours été perçu comme une journée sinistre, endeuillée par la mort du Christ dans la tradition catholique. Le poids grandissant de la religion dominante et l'incursion de l'Église dans les rouages de la vie sociale vont alors très largement contribuer à affirmer la connotation lugubre de ce sombre vendredi tout au long du Moyen Âge.

Au fil du temps, la poisse s'acharne sur cette méprisable journée. La croyance populaire l'accuse de tous les maux. Ce jour-là : Caïn tue son frère Abel ; Dieu chasse Ève et Adam de l'Éden ; saint Jean-Baptiste est décapité et Hérode massacre les saints Innocents. Et comme si tout cela ne suffisait pas – à moins que l'on n'ait voulu se débarrasser des pires événements en choisissant un jour irrécupérable ! – on attribua également au vendredi : le début du Déluge, la lapidation de saint Étienne, la mort de Moïse, du prophète David et la Vierge Marie. Quant aux Anglo-Saxons, ils exécutaient les criminels le vendredi, alors baptisé « jour des pendus ».

Dans une période enracinée dans la superstition et engoncée dans la chape de la religion, chacun comprendra qu'une liste chargée d'aussi impressionnantes catastrophes ne poussait guère aux ardents badinages ni à l'euphorie d'une réjouissante allégresse.

Cependant, malgré cette avalanche de douloureux exemples concrets, des textes précisent que François Ier ou Henri IV affirmaient apprécier le vendredi. L'un et l'autre auraient noté que ce jour leur portait chance. En revanche, Napoléon aurait repoussé son coup d'État, initialement prévu pour le vendredi 17, au samedi 18 brumaire. Et il justifia ainsi sa décision : « Je n'aime pas les esprits forts. Il n'y a que les sots qui défient l'inconnu. »

Venons-en au funèbre 13 qui n'a rien à envier au vendredi ! Ce nombre suit le 12 qui exprime plénitude et perfection. Le 13 marque donc la rupture avec le sacré et traduit ainsi la notion de mort et d'achèvement. Bien sûr, sous l'influence de la Bible, il personnifie le traître, en référence à la Cène, dernier repas que Jésus prend en compagnie de ses douze apôtres avant la trahison de Judas. Arrêté puis condamné à la crucifixion, le Christ meurt le lendemain... un vendredi.

Appelée la « douzaine du diable », le 13 a donc la réputation de porter la guigne. Nombre de personnes refusent toujours de se trouver à treize autour d'une table de convives ou dans une réunion de travail. Autrefois, les paysans ne laissaient jamais treize animaux dans une étable. Certaines compagnies d'aviation ont même supprimé les vols, sièges et rangs portant ce maléfique numéro (pour aller de 12 à 14, on passe par le 12-B !). Dans des cliniques et hôpitaux, le lit et la chambre 13 n'existent pas. De même, des hôtels (notamment aux États-Unis), voire de grandes tours de bureaux ou d'habitation, poussent la délicatesse jusqu'à supprimer le treizième étage. Enfin, on rencontre rarement une place de théâtre ou une loge d'artiste portant ce nombre satanique.

Alors, associer la puissance malfaisante du vendredi à celle du 13, quelle détonation maléfique ! Eh bien, non. Au contraire, trop, c'est trop. L'acharnement qui consiste à les accabler chacun de tant de haine donne soudain à leur mariage un renouveau souriant. L'outrance de la charge pour les identifier au malheur entraîne finalement une sorte d'attirance. Et ce renversement de tendance débouche tout simplement sur un vendredi 13 porte-bonheur.

Reste qu'une autre religion dominante, celle du marketing et du commerce réunis, a pris sans vergogne le relais. Espoirs et utopies ancestrales nourrissent la cible privilégiée de ces nouveaux marchands du Temple. Ainsi, les jeux de loterie n'ont pas hésité à s'approprier le vendredi 13 pour vendre du hasard à grand renfort de matraquage publicitaire, et pour prendre dans leurs filets, sans avoir à redoubler d'efforts, les esprits les plus cartésiens alléchés par l'appât de gains colossaux. Le plus extraordinaire réside dans le fait que tous ceux qui ont cru en la puissance magique du vendredi 13 ne lui en tiennent pas rigueur. Ils rejouent !

En réalité la réhabilitation du vendredi (sans le 13) révèle peut-être un juste retour des choses. À l'origine, c'était une journée consacrée à Vénus (l'équivalent romain de l'Aphrodite grecque, divinité de l'amour et de la fertilité) et à Freyja (déesse de la fécondité dans la mythologie scandinave). Sous de tels auspices, le vendredi ne symbolise plus la mélancolie.

D'où vient le terme boycotter ?

Par exemple, lorsqu'une nation décide de boycotter les Jeux olympiques, cela signifie que ses athlètes n'y participeront pas. De la même façon, on peut boycotter des élections en refusant de se rendre dans l'isoloir. Plus globalement, l'action de boycotter un pays revient à refuser toute relation économique et commerciale avec lui. Il s'agit, en quelque sorte, de le mettre à l'index, en quarantaine. À une autre échelle, des consommateurs peuvent également décider de boycotter (c'est-à-dire de ne plus acheter) tel ou tel produit.

Ce mot prend son origine au XIXe siècle dans le comté de Mayo, en Irlande. Il y a là un certain Charles, capitaine d'infanterie à la retraite depuis 1852. À partir de 1873, Charles assiste et représente avec loyauté et détermination un riche propriétaire du comté, lord Erne. Mais, en 1879, l'ancien militaire se heurte à une révolte de paysans (la *Land League*) qui refusent notamment d'acquitter le loyer des terres cultivées.

L'affaire s'envenime et les paysans en viennent à rejeter toute relation commerciale avec Charles, puis à rompre le dialogue et à exclure toute relation – économique ou non. Privé de contact, disqualifié et incapable de renouer le dialogue, Charles subit une espèce de quarantaine. On dirait aujourd'hui que les paysans de la *Land League* le boycottent. Évincé, le représentant de lord Erne doit finalement quitter la région.

Au fait, l'agent du riche propriétaire irlandais s'appelait bel et bien Charles. Charles... Boycott (1832-1897).

Pourquoi sert-on les glaces dans des cornets ?

Certaines situations délicates nécessitent d'agir dans l'urgence. Et maintes inventions anodines résultent d'une prise de décision immédiate qui finit par s'imposer le plus naturellement du monde avec le temps. Comme si l'idée qui traversait soudain l'esprit de l'inventeur résolvait un problème ou répondait pleinement à un besoin pas forcément exprimé avec la plus grande clarté. Le cornet de glace entre dans la catégorie des découvertes que l'on pourrait qualifier de spontanées.

Nous sommes en 1904, aux États-Unis, à la foire internationale de Saint Louis (Missouri). Fornachou, impétueux vendeur de glaces, se retrouve subitement à court d'assiettes en papier pour servir ses clients. Victime de son dynamisme commercial et de la qualité de ses produits, Fornachou ne peut se résigner à jeter l'éponge en plein milieu d'après-midi.

Dans le stand qui jouxte le sien, un boulanger syrien, Hamwi, propose pour sa part de délicieuses gaufres. Dans le Missouri de 1904, les appétissantes gaufres de Hamwi ressemblent davantage à de grosses crêpes, rondes et bien plates, plutôt qu'aux espèces d'énormes biscottes quadrillées d'alvéoles (et saupoudrées de sucre) que nous connaissons aujourd'hui. Solidaire de son voisin désemparé, Hamwi lui suggère de servir son ice-cream sur ses gaufres. Fornachou saute immédiatement sur l'occasion. Et, instinctivement, il roule les gaufres de Hamwi en forme de cône pour y placer sa crème glacée.

Le cornet de glace vient de naître.

D'où viennent le nom et le signe du dollar américain ?

Si curieux que cela puisse paraître, la monnaie américaine prend sa source dans la vallée de Saint-Joachim, en Bohême, dès le XVIᵉ siècle, une région qui formait la principale composante de la Tchécoslovaquie.

L'histoire remonte à 1518. Surpris par la tempête, un seigneur du lieu se réfugie précipitamment dans la première grotte venue. Et là, miracle ! Il découvre une mine d'argent. À l'époque, un puissant souverain, Charles Quint (1500-1558), conforte sa domination sur un vaste territoire. Empereur germanique (1519-1556), prince des Pays-Bas (1516-1555), roi d'Espagne (sous le nom de Charles Ier) et roi de Sicile, Charles Quint autorise le seigneur de la vallée de Saint-Joachim à battre des pièces qui prennent alors le nom de *Joachimsthaler* (le mot *thal* signifie « vallée » en allemand).

Mais Charles Quint se ravise. Il annule purement et simplement le privilège généreusement octroyé au notable local et il fait aussitôt battre des pièces qui portent ses propres armes. Et le *Joachimsthaler* d'origine prend une forme abrégée : le *thaler*. Cette monnaie officielle s'impose progressivement dans tous les territoires placés sous la domination de Charles Quint et de ses successeurs de la maison de Habsbourg. Notamment avec Philippe II, son fils, qui donne naissance à la lignée espagnole de la dynastie (Espagne, Pays-Bas).

Ainsi, par le truchement de l'Espagne, la maison de Habsbourg règne-t-elle sur une grande partie de l'Amérique du Sud, vaste territoire où déferlèrent des hordes d'aventuriers, les célèbres conquistadors. Par exemple, Hernán Cortés s'empare du Mexique (la Nouvelle-Espagne) dont il devient gouverneur en 1522. De leur côté, les redoutables frères Pizarro soumettent l'Empire inca et colonisent (entre 1531 et 1550) une zone du littoral pacifique correspondant sensiblement aux actuels Équateur et Pérou.

Les conquistadors arrivent donc en Amérique latine avec un *thaler* qu'ils font frapper sur place au Mexique et au Pérou. De même que les Hollandais avaient transformé le *thaler* en *daler*, pour l'Amérique du Sud, la prononciation s'apparentera plutôt à *tolar*. Puis le terme, on l'aura compris, va rapidement dériver vers sa forme actuelle : dollar ! Au fil du temps, le mot sera ensuite donné à toutes sortes de pièces de monnaie. Jusqu'en

Amérique du Nord qui utilisera l'expression *Spanish dollar* (dollar espagnol).

Matérialisé par une grosse pièce d'argent, le *Spanish dollar* se divise en huit réaux (le réal étant une très ancienne monnaie espagnole valant un quart de *peseta*). Les autochtones l'appellent aussi *piece of eight*, c'est-à-dire, en traduction littérale, une « pièce de huit ». Que les puristes se rassurent, il n'y a pas de contresens. En effet, le terme anglais *piece* ne doit pas ici se traduire par fragment ou partie, mais par pièce (selon le *Robert & Collins Dictionary*, l'expression *piece of eight* signifie bel et bien « dollar » espagnol).

En 1785, plus de deux siècles après le débarquement du *thaler* dans les colonies espagnoles de l'Amérique du Sud, le gouvernement nord-américain décide d'établir sa propre monnaie. Tout naturellement, il lui donne le nom de dollar. Le *Spanish dollar*, surnommé *piece of eight*, sera utilisé en Amérique du Nord jusqu'en 1794 (le temps que les différents États s'accordent pour frapper et mettre en circulation leurs nouvelles pièces). De la vallée de Saint Joachim, en Bohême, jusqu'aux lendemains de la guerre d'Indépendance (1775-1783), le *thaler* devenu dollar avait réalisé un fort joli parcours !

Mais venons-en désormais aux raisons qui motivèrent la naissance et l'utilisation du signe représentant le dollar. Tout d'abord, un petit rappel : le signe dollar ($) ne possède qu'une seule barre verticale (et non pas deux comme on le voit encore trop souvent dans divers documents, prospectus, affiches ou publicités), un détail qui a son importance lorsqu'il s'agit de déterminer la véritable origine du signe.

Le dessin qui exprime le mot dollar représente bizarrement une sorte de lettre S barrée verticalement d'un seul trait. Ce qui permet de rejeter en bloc toutes les interprétations fantaisistes qui se fondent sur l'existence de deux barres verticales. Aussi convient-il d'écarter la thèse du *Spanish pillar dollar* (*pillar* en anglais, ou *pilar* en espagnol, signifie « pilier »). Ce *Spanish pillar dollar* désignait des pièces frappées de deux colonnes, ce qui s'écrivait en abrégé « S II » (S pour *Spanish*, II pour symboliser les deux piliers). Les tenants de cette théorie erronée expliquent que les deux éléments se seraient ensuite superposés. De la même façon, ceux qui prétendent que le signe du dollar serait la conséquence d'une superposition d'un U et d'un S (pour United States) font fausse route puisque dollar ($) ne possède qu'un seul trait vertical.

Plus sérieusement, certains historiens américains ont avancé la théorie du « P8 ». Interprétation : le fameux *piece of eight* évoqué plus haut (*eight* correspond au chiffre 8) aurait donné naissance à l'abréviation P8. Ainsi aurait-on écrit 200 P8 (pour 200 dollars), abréviation qui se serait transformée en P surchargé d'un 8, les boucles supérieures du P et du 8 se combinant pour finalement enfanter une espèce de S barré d'un seul trait vertical ($). Cette thèse assez complexe a le mérite de s'inscrire dans la continuité historique du dollar dont le symbole que nous connaissons aujourd'hui était clairement utilisé bien avant la déclaration d'Indépendance (1776).

L'explication le plus communément admise (y compris par le Trésor américain) prend elle aussi racine dans ce fameux *Spanish dollar*. Non pas dans l'expression *piece of eight*, mais plutôt dans la dénomination *peso* qui désignait l'unité de base de la monnaie des envahisseurs espagnols (le *peso*, mot espagnol signifiant « poids », est d'ailleurs resté l'unité monétaire de plusieurs pays d'Amérique latine). Ainsi aurait-on abrégé l'écriture de 200 *pesos* par 200 PS. Les deux lettres chevauchées donnent effectivement un $, en éludant la boucle supérieure du P. Soulignons qu'il y a là une étrange parenté graphique – notamment dans une écriture manuscrite rapide ou hésitante – entre la théorie du P8 et celle du PS.

Venue en ligne directe du *thaler* de la maison de Habsbourg dans les valises des Cortés et autres Pizarro, la prononciation *dollar* se répandit en utilisant une transcription symbolique qui, elle, se serait donc appuyée sur l'abréviation de *pesos*. Pas impossible puisque *Spanish dollar*, *peso* ou *piece of eight* avaient la même valeur marchande, la même utilité et la même équivalence. Ces termes exprimaient donc une réalité concrète interchangeable. On pouvait probablement dire 200 *thaler* (puis *tolar* et *dollar*) tout en écrivant PS, puis $ (ou d'ailleurs P8, puis $). Il s'agissait de la même somme : 200 unités de base symbolisées par le signe $.

La théorie de l'abréviation des *pesos* pour produire $ a été mise en évidence par un professeur d'histoire des mathématiques de l'université de Californie. Au début du XXe siècle, le Dr Cajori consacra près de deux décennies à tenter d'élucider ce mystère. Outre-Atlantique, la question attise toujours la curiosité d'éminents spécialistes qui continuent de débattre âprement sur le sujet.

Est-il vrai que se produisent davantage d'événements curieux les nuits de pleine lune ?

L'avancée prodigieuse des connaissances (conquête de l'espace, meilleure compréhension des phénomènes climatiques, progrès de la médecine) a atténué les comportements superstitieux que l'on peut qualifier de primaires. Pourtant, à mesure que le génie humain avance dans la maîtrise du savoir, ses découvertes n'ont pas éradiqué des craintes venues de la nuit des temps.

Solidement enracinées au plus profond de chaque individu les peurs, croyances et superstitions continuent de perturber le fonctionnement du corps social. Comme si la collectivité éprouvait l'inextinguible besoin de se repaître de supposés mystères. Dans le vaste registre des inexplicables angoisses qui pétrifient toujours une foule de naïfs figurent en bonne place les fameuses nuits de pleine lune.

D'aucuns persistent à entretenir le doute avec un zèle excessif. À croire que leur seul souci consiste à ranimer chaque mois une effrayante anxiété dans les plus faibles esprits. Car, à ce jour, personne n'a jamais pu démontrer – scientifiquement ! – que la pleine lune influencerait le comportement humain, au point, selon la rumeur, de conduire un afflux de patients aux urgences des hôpitaux ou de générer un inquiétant surcroît d'accidents de la route.

Les tenants de la thèse de l'« effet pleine lune » sur l'homme se plaisent à rappeler que le poids du corps est constitué de 60 à 70 % d'eau. Pour eux, dans la mesure où la Lune agit sur les océans lors du processus des marées, elle produit forcément une action sur des individus « remplis d'eau » les nuits où elle est pleine. Certes. Sauf que le phénomène des marées a lieu deux fois par jour et pas une fois par mois ! Pourquoi enregistrerait-on une augmentation des crimes, suicides et accidents les seules nuits de pleine lune, alors que l'impact devrait avoir lieu tous les jours ? Car si le satellite naturel de la Terre affecte réellement l'homme (au point de déranger son comportement), on ne voit pas pourquoi cette incidence ne se produirait pas au même rythme que pour les marées. Aussi pourrait-on avancer, en forme de plaisanterie, que les adeptes de la théorie « effet pleine lune » ont finalement raison puisque ces drames se déroulent tous les jours.

Des études ont été réalisées pour tenter de « démontrer » que la pleine lune modifie l'attitude des individus. L'une d'entre elles met en évidence une augmentation des accidents de la route les nuits de pleine lune. Simple constatation. D'autres paramètres n'entrent-ils pas en ligne de compte ? Évidemment oui ! Sur la période retenue pour cette étude, un nombre inhabituel de pleines lunes tombaient pendant le week-end. Le surcroît d'accidents n'était bien évidemment pas lié à la pleine lune, mais au trafic routier qui s'intensifie chaque fin de semaine.

Certaines personnes restent persuadées que des choses étranges, voire exceptionnelles, se déroulent pendant ces fameuses nuits. Et de citer volontiers des exemples précis (et véridiques) pour étayer leur croyance. Sauf que tous ces fidèles de la rumeur cherchant à accréditer l'action de l'astre lunaire se focalisent uniquement sur cette nuit

« magique » ou « satanique ». Certains s'amusent même à collecter tous les faits extraordinaires de cet instant maudit.

Malheureusement, ils oublient le décompte de l'autre inventaire. Car maints individus commettent chaque jour des actes de démence, des gestes extravagants, tragiques ou irraisonnés. S'il suffisait d'attendre la nuit de la pleine lune pour que les fous, maniaques et autres désaxés « s'expriment », la tâche des psychiatres serait grandement simplifiée.

Reste que tous ceux qui véhiculent cette notion absurde de l'effet pleine lune contribuent bien évidemment à nourrir leur propre fantasme. Plus grave, ils contribuent probablement à alimenter les statistiques. Car, à force d'entendre parler du poids diabolique de ce funeste moment, des personnes atteintes d'un déséquilibre mental ou souffrant d'un profond trouble psychique peuvent parfaitement attendre cette nuit néfaste pour accomplir un geste irréparable. La pleine lune n'a pas la moindre culpabilité dans l'affaire. En revanche, ceux qui s'évertuent à manier l'obscurantisme portent une large part de responsabilité.

Pourquoi la balle de golf possède-t-elle une juxtaposition de petits alvéoles ?

Les premiers golfeurs utilisaient des balles lisses. Au fil des parcours, certains joueurs attentifs remarquèrent que leurs balles usagées avaient tendance à aller plus loin que les neuves. Il n'en fallut pas davantage pour créer l'effervescence sous les crânes d'astucieux inventeurs. Et, en 1908, un certain Taylor breveta la balle que nous connaissons aujourd'hui. C'est-à-dire une petite sphère couverte d'un curieux dessin : la juxtaposition de petits alvéoles.

Il suffisait d'y penser ! En réalité, ces sortes de fossettes imitent les balles abîmés que les premiers joueurs jugeaient plus performantes, celles qui avaient subi les assauts répétés de violents coups de clubs et qui possédaient des petits chocs (voire des trous) en surface. Schématiquement, la progression dans l'air d'une balle parfaitement lisse crée une microzone de basse pression à l'arrière (ce qui a pour conséquence d'en freiner la progression). Les alvéoles empêchent précisément la création des tourbillons intempestifs que l'on observe tout autour d'une balle lisse.

Au début du XXe siècle, deux autres inventions voient également le jour. Fondées sur les mêmes observations, elles présentent fort logiquement des caractéristiques comparables. Les deux balles possèdent aussi des aspérités de surface : l'une sous la forme d'une sorte de quadrillage (de maillage ou de stries) et l'autre, de petits ergots (un peu comme une boule d'épines).

Les trois inventions furent commercialisées à peu près simultanément. Mais les fossettes l'emportèrent. Par rapport à une balle lisse, et bien sûr à puissance égale, les alvéoles permettent un jet plus long et plus rectiligne.

À quelle vitesse expulse-t-on les postillons lors d'un éternuement ?

Le principe même de l'éternuement sollicite une succession de réactions en chaîne qui vont se terminer par un retentissant : « Atchoum ! » Et là, de plus ou moins imperceptibles gouttelettes de salive – entre autres ! – sont propulsées à une exceptionnelle vitesse hors de la cavité buccale, par la seule et unique puissance de la pression subitement libérée. Le mouvement de balancier d'arrière en avant qui accompagne parfois l'éternuement, gorge largement déployée, n'ajoute rigoureusement rien à la vitesse de pointe du postillon.

L'action d'éternuer mobilise une foule de capteurs. En cascade, chacun exécute un ordre qui déclenche donc un processus irréversible. À l'origine, un modeste réflexe de défense provoque un impressionnant branle-bas de combat. En effet, dès qu'un corps étranger (poussière, bactérie, pollen, etc.) vient titiller la muqueuse des fosses nasales, les terminaisons nerveuses donnent l'alarme. Elles informent aussitôt le cerveau, qui commande une profonde inspiration (entre deux à trois litres d'air), puis ordonne ensuite la contraction des muscles abdominaux.

Dans l'instant qui suit : expulsion générale ! Objectif fondamental de ce réflexe de défense évoqué plus haut : évacuer le maximum d'intrus potentiellement dangereux pour l'organisme. Et l'éjection de tout ce petit monde se fait à une vitesse légèrement supérieure à 200 km/h, quel que soit le type d'éternuement : large « atchoum ! »

extraverti, cinglant « atcha ! » renfrogné (menton planté dans le sternum), voire « atch ! » précieux et maîtrisé. Car, dans tous les cas de figure, la pression de l'air expectoré est sensiblement identique.

Peut-on trouver de l'eau avec une baguette de sourcier ?

Les radiesthésistes prétendent détecter l'existence d'une nappe phréatique par la seule utilisation d'une branche de coudrier (noisetier). D'autres se servent d'un pendule, c'est-à-dire une petite masse de fer (cuivre, cristal de roche, voire bois) suspendue à une chaînette métallique ou à un fil (par exemple de chanvre). La masse en question ayant les formes les plus variées (sphère, goutte d'eau, lame hexagonale). Voilà pour les instruments du délit.

Le radiesthésiste, souvent de bonne foi, avance dans un champ muni de cette fameuse baguette magique de coudrier en forme de lettre Y. Il la tient fermement par ses deux branches en V. Et, miracle, à l'endroit décisif, la pointe tressaute, ou, plus spectaculaire, pivote vers le sol. Comme pour désigner le point d'eau. Tout juste si la baguette ne s'écrie pas : « C'est ici ! »

D'éminents scientifiques se sont bien évidemment penchés sur la question. À commencer par le chimiste Eugène Chevreul (1786-1889) qui mène une série d'expériences dès 1812. Il s'explique en 1833 dans une lettre au physicien André Marie Ampère (1775-1836). Dans un premier temps, Chevreul constate qu'un anneau suspendu à un fil de chanvre oscille lorsqu'il le place au-dessus de l'eau ou au-dessus d'un bloc de métal. Ensuite, il remarque que les mouvements s'estompent (voire cessent) à mesure que son bras est soutenu « par un support de bois qu'il fait avancer à volonté entre l'épaule et la main ».

Eugène Chevreul refait l'expérience « les bras parfaitement libres ». Et le scientifique de noter : « Je sentis très bien qu'en même temps que mes yeux suivaient le pendule qui oscillait, il y avait en moi une disposition ou tendance au mouvement qui, tout involontaire qu'elle me semblait, était d'autant plus satisfaite que le pendule décrivait de plus grands arcs. » Alors, le chimiste décide de répéter l'expérience les yeux bandés. Et le pendule reste immobile !

Autrement dit, Chevreul avait mis en évidence ce que d'autres scientifiques vont plus tard confirmer : le seul fait de se concentrer sur l'oscillation du pendule produit un mouvement musculaire du bras (imperceptible pour le sujet) qui fait sortir le pendule de l'état de repos (à condition que le bras ne soit pas soutenu). « Une fois commencées, les oscillations furent bientôt augmentées par l'influence que la vue exerça pour me mettre dans cet état particulier de disposition au mouvement », souligne avec subtilité Chevreul.

Et le chimiste va démontrer que le mouvement s'arrête (ou s'estompe largement) si l'on intercale une plaque entre le métal et son pendule. À condition de se persuader que cet « écran » annule l'oscillation. Chevreul avait ainsi démontré qu'il existe « une liaison intime » entre la pensée et le mouvement avant même que la volonté de commande d'un muscle ne soit transmise. Depuis, grâce à des capteurs hautement sensibles, des chercheurs ont multiplié de nombreuses expériences qui mettent en évidence le principe de Chevreul.

Par exemple, chez un individu au repos et parfaitement détendu, le seul fait de lui suggérer de lever les bras – sans bien sûr exécuter la commande ni la moindre esquisse de mouvement ! – produit un influx musculaire que le sujet ne détecte absolument pas. En clair, il affirme « ne pas avoir bougé » alors que le muscle a pourtant bel et bien reçu une imperceptible sollicitation. Celle qui, précisément, déclenche l'oscillation du pendule !

En d'autres termes, la seule pensée produit un impact involontaire sur le mouvement dont la vision conforte (voire amplifie) le phénomène attendu. Voilà pourquoi aucun radiesthésiste n'a jamais pu opérer avec les yeux bandés. Et, à ce jour, pas un seul n'a démontré la réalité de son talent dans le cadre d'une expérience scientifique.

La dernière tentative sérieuse s'est déroulée à l'université de Sophia-Antipolis (12 juillet 2001). Muni de sa baguette magique, un sourcier avait accepté de relever le défi : détecter la présence d'eau dans des tuyaux (cachés et alimentés de façon totalement aléatoire). L'expérience se déroula sur une zone définie et contrôlée par le sourcier lui-même. Celui-ci prétendait qu'il allait obtenir 100 % de réussite. Échec total ! Le sourcier n'enregistra qu'un résultat tout juste conforme aux lois de la probabilité.

Vous l'aurez donc compris, branche de noisetier et pendule ne permettent en aucune façon ni en aucun lieu de trouver de l'eau, du pétrole, des trésors, un mystérieux métal enfoui ou des personnes disparues. Pourtant, aujourd'hui encore, quelques illuminés souvent inoffensifs pratiquent leur « art » avec une désuète application. Ceux-là ne convertissent guère que de doux rêveurs... déjà convaincus.

D'autres, beaucoup plus dangereux, s'efforcent de propager ce genre de balivernes. Comme s'il leur fallait entretenir l'ignorance aux yeux du plus grand nombre pour que de telles sottises profitent aux charlatans de tout poil. Car laisser supposer – ou, plus grave, faire croire – qu'un malheureux morceau de bois (fût-il de coudrier !) peut « réagir » à une nappe d'eau cachée vingt mètres sous terre ne relève pas de la simple bêtise. Cela s'apparente à de la manipulation.

Les esprits susceptibles d'assimiler d'aussi colossales absurdités restent un terreau idéal pour fertiliser les plus folles idées. Celles qui enfantent rumeurs, contrevérités, croisades, intolérances, dogmes et dictatures de toutes sortes (bref, tout ce qui maintient sous le joug de la soumission). Et en l'occurrence, ici, sous l'influence de la tradition superstitieuse. Imaginez par exemple que certains sourciers vont jusqu'à affirmer qu'ils « cherchent l'accord ». Ils prétendent « se brancher » sur l'onde vibratoire émise par l'objet à détecter. Et il y a des adeptes !

Que dire aussi de ceux dont le pendule effectue un nombre de tours qui indique avec précision la profondeur de l'eau ? Vingt tours égalent vingt mètres. Proprement ridicule ! De surcroît, dans ce cas de figure, l'intensité de la réaction du pendule serait donc inversement proportionnelle à la profondeur de la nappe. Pour cinquante mètres, cinquante tours. Un mètre, un seul tour. Plus la nappe d'eau jouxte la surface du sol, moins le pendule s'active ! Curieuse relation de cause à effet.

Reste que l'on a tous plus ou moins entendu parler

d'infaillibles sourciers qui, autrefois, savaient précisément désigner l'endroit qui donnerait naissance à un puits. Certes. Mais, comme l'affirme avec humour la publicité d'une loterie : « Tous les gagnants ont tenté leur chance ! » Autrement dit, les paysans qui se gardaient de s'aventurer dans la « divination phréatique » ne pouvaient bien évidemment rien découvrir. Et la collectivité villageoise s'empressait d'oublier ceux qui se trompaient trop souvent car ils ignoraient les rudiments de l'observation.

En réalité, l'heureux élu sourcier de la société rurale possédait une immense dose de bon sens, une grande expérience de la nature, une large faculté d'analyse et de synthèse (voire de réelles connaissances) qui lui permettaient de viser plus juste que d'autres. Par ailleurs, n'oublions pas l'impact de la tradition orale puis des récits populaires du XIXᵉ siècle dans l'édification de légendes locales. Enfin, comme on ne pouvait guère s'adresser qu'à un sourcier muni de son pendule pour trouver de l'eau, lorsqu'un forage donnait satisfaction, l'infaillible radiesthésiste avait forcément eu raison. En fait, on assimilait tout simplement le sourcier à l'eau. En passant sous silence ses quelques erreurs et en magnifiant ses exploits. Ce qui ne change rigoureusement rien au champ d'application et à l'impact des baguettes et pendules.

Comment a été établie la longueur du mille anglais ?

Encore une histoire qui tendrait à prouver que les Britanniques inventèrent la célèbre maxime : « Pourquoi faire simple quand on peut tout compliquer ? » Car le mille terrestre anglais affiche effectivement une curieuse longueur, de surcroît totalement arbitraire. Cette mesure dérive du mille romain qui valait tout simplement mille pas. Sachant qu'un tel pas représentait 5 pieds, le mille aurait donc dû fort logiquement égaler 5 000 pieds. Trop simple pour un Anglais !

Outre-Manche, les paysans restaient particulièrement attachés à une mesure établie bien avant l'arrivée du mille : le *furlong*. La tradition rurale avait étalonné le *furlong* à 660 pieds (distance moyenne d'un sillon de labour). Utilisé pour évaluer notamment la longueur des champs, le *furlong* figurait dans la plupart des actes notariés. Seulement voilà, impossible de diviser le mille (5 000 pieds) en un nombre entier de *furlongs*. La valeur du mille tournant sensiblement autour de 8 *furlongs*, deux possibilités s'offraient au législateur. Soit raccourcir le *furlong* pour le porter à 625 pieds (8 fois 625 permettant de retomber sur 5 000). Soit considérer la valeur du *furlong* comme un bien national inaliénable de 660 pieds.

Bien évidemment, la seconde solution l'emporta sans qu'un seul lord empourpré ne songe un instant à sourciller. Et voilà pourquoi le mille anglais mesure toujours

8 fois 660 pieds, soit une longueur de 5 280 pieds. Dans le souci d'harmoniser évaluations et expertises des terres et des propriétés, une loi entérina cette décision en 1575.

Parallèlement, le Parlement officialisa la longueur du mille à 1 760 *yards*. Un pied vaut 30,48 cm et un *yard* 0,9144 m, ce qui nous donne un mille terrestre anglais à 1 609,344 m. Par ailleurs, le mille romain, ancienne mesure en usage en France, Italie ou Allemagne correspondait à une distance actuelle de 1481,5 m.

Bien sûr, il ne faut pas confondre ces milles terrestres avec le mille marin (nautique) qui correspond à la soixantième partie d'un degré de latitude, soit 1 852 m. Les Britanniques ont longtemps utilisé une ancienne estimation du mille marin à 6 080 pieds, soit 1 853,184 m.

Pas de panique ! Un mètre égale cent centimètres. Et un kilomètre vaut toujours mille mètres !

Pourquoi l'Oncle Sam personnifie-t-il les États-Unis ?

La légende raconte que le célèbre *Uncle Sam* s'appelait en réalité Sam Wilson (1766-1854). En 1812, ce brave homme travaille dans une entreprise qui fournit les rations de viande à l'armée américaine. Wilson inspecte alors le départ des paquets. Après un contrôle rigoureux, il tamponne consciencieusement chaque caisse en apposant les lettres « E.A.-U.S. ». Le premier sigle correspond aux initiales du nom de la société (Elbert Anderson) et U.S. signifie tout simplement United States.

120

Les ouvriers d'Elbert Anderson auraient alors mani-festé leur surprise au sujet des quatre lettres que tamponnait consciencieusement Wilson. Ils comprennent sans difficulté que le E.A. correspond à la firme qui les emploie, mais ils s'interrogent sur la signification réelle de U.S. Apparemment, plus de trente ans après la déclaration d'Indépendance américaine (1776) rédigée par Thomas Jefferson (1743-1826), le nom de la jeune Confédération – et *a fortiori* le sigle – n'habitent pas tous les esprits ! Possible. Car en ce début de XIXᵉ siècle, la notion d'identité nationale ne préoccupe pas encore les émigrants, de surcroît dans un pays en pleine expansion qui ne s'étend alors que de la côte atlantique au Mississippi.

Quoi qu'il en soit, Sam Wilson aurait alors avancé, en forme de boutade, que le mystérieux U.S. marquait sa propre signature : *Uncle Sam* (Oncle Sam). Rassurés, convaincus, sceptiques, naïfs ou dupes consentants, tous les collègues de Wilson s'empressèrent de propager la plaisanterie. Et, au bout de quelques mois, chacun connaissait la viande estampillée *Uncle Sam*.

En 1961, le Congrès américain reconnut en Wilson l'original *Uncle Sam*. Toutefois, nombre d'historiens commencent à douter de la véracité de cette charmante histoire. Certes, un certain Sam Wilson a bien vu le jour à Troy (1766), une petite ville située à une vingtaine de kilomètres au nord-est d'Albany (actuelle capitale de l'État de New York, sur l'Hudson). Mais à la mort de Sam (1854) personne ne semblait se souvenir du héros d'Elbert Anderson. Pas une seule ligne dans le journal local (ni sur Sam ni sur l'anecdote le concernant). Inconnu au bataillon !

Il fallut attendre quelques jours pour qu'un quotidien

d'Albany raconte avec fierté les origines de l'Oncle Sam, pourtant élevé au rang de véritable emblème du pays. À tel point que ce symbole des États-Unis avait déjà traversé l'Atlantique. En effet, dès 1830, les dessinateurs du magazine britannique *Punch* stylisent l'Oncle Sam sous la forme d'un personnage grand, mince, coiffé d'un chapeau et portant une barbe blanche. En 1870, le talentueux Thomas Nast façonne l'image définitive d'Oncle Sam, celle que nous connaissons encore aujourd'hui.

En réalité, beaucoup penchent désormais pour une invention pure et simple de cette rocambolesque histoire par un joyeux drille qui, avec l'appui de quelques amis, se serait amusé à la populariser aux alentours de 1812. Affublé des ingrédients propices à développer une rumeur, *Uncle Sam* aurait ainsi gagné ses galons de personnage emblématique.

Soulignons au passage que le père du dessin de l'Oncle Sam, Thomas Nast, a également créé l'emblème du Parti républicain en imaginant l'éléphant. Il a aussi popularisé l'âne du Parti démocrate. Mais l'idée en revient à Andrew Jackson (1767-1845), septième président des États-Unis (1829-1837). En effet, pendant la campagne électorale de 1828, ses adversaires tentèrent de déstabiliser Jackson en le surnommant *jackass* (âne, ou plus précisément baudet). Après son élection, Jackson détournera astucieusement l'insulte en symbole de victoire, puis en emblème de son parti. L'un et l'autre illustrent toujours les deux grandes formations du paysage politique des États-Unis.

Animaux

Comment une mouche peut-elle se poser au plafond ?

Certes, il arrive à une mouche (classe des insectes, ordre des diptères) de se poser sur une table. Rien d'exceptionnel ! Mais l'exercice qui consiste à atterrir, rester et marcher sur un mur vertical, voire – plus spectaculaire encore – sur un plafond, relève *a priori* du petit exploit. Car, dans l'opération, l'insecte se retrouve la tête à l'envers et il défie les lois de la gravitation.

Grâce à des caméras et appareils photographiques de plus en plus perfectionnés, les chercheurs savent désormais que l'insecte effectue une espèce de demi-saut périlleux arrière avant de se poser au plafond (et non pas une sorte de tonneau latéral comme on l'avait longtemps cru). À l'approche du but, la mouche présente ses deux pattes de devant. Et, dès que ses gambettes touchent le plafond, le diptère renverse promptement son abdomen et s'arrime fermement sur la surface qui l'accueille. Mais là, comment tient la mouche ?

Simplifions, sans trop schématiser. Voici la thèse la plus communément admise. Chacune des six pattes de l'insecte est équipée de pinces miniatures comparables à celles d'un homard. Ces outils l'aident à s'agripper sur une surface qui présente forcément des aspérités. Car si l'œil humain voit le plafond lisse, dans la réalité, à l'échelle de la mouche, il se compose d'une multitude de trous, bosses, grains. Autant d'éléments d'ancrage possibles.

Mais surtout, chaque « pied » de l'insecte est muni d'un système microscopique qui reproduit le principe de la ventouse. La pression exercée sur les pattes chasse l'air de chacun des six « coussinets » et la succion ainsi créée suffit à maintenir l'insecte. Dans certains cas, une imperceptible et subtile vibration des ailes favorise peut-être le maintien de l'équilibre lorsqu'il approche la limite de rupture. Lorsque la mouche se pose sur une surface parfaitement lisse comme une vitre, elle n'utilise bien évidemment que son « mécanisme » de ventouse.

Qu'appelle-t-on un cheval pur-sang ?

Fruit d'une méticuleuse attention, le cheval pur-sang a au moins un ancêtre commun parmi les trois étalons que l'on considère comme les fondateurs de la race. Tout commence en Angleterre, vers la fin du XVIIᵉ siècle. À cette époque, les premières courses de chevaux déchaînent les passions.

Les Britanniques s'enflamment pour cette nouvelle

discipline qui conjugue habilement la technicité du sport et la magie du spectacle. Le tout dans un environnement propice aux frivolités mondaines, à l'exhibition de sa fortune et à l'appât du gain facile. Éleveurs, aristocrates (et parieurs) flairent le bon filon. Mais, pour faire recette, il convient d'améliorer sans cesse la qualité des animaux qui s'alignent. Objectif : courir toujours plus vite avec des chevaux à la fois plus légers et plus puissants.

Depuis quelques décennies, des Anglais avaient déjà commencé à affiner certaines lignées locales en important des reproducteurs orientaux. Mais l'explosion des courses va déboucher sur l'élaboration d'un processus rigoureux. Méthodiques, les éleveurs britanniques vont sélectionner les meilleurs éléments dans leur propre cheptel. Puis ils les font reproduire avec des chevaux de sang arabe, à la fois plus fins et très endurants. Les trois étalons orientaux qui figurent à la base de cette nouvelle lignée de chevaux appelés pur-sang furent importés en Grande-Bretagne entre 1683 et 1728. Ils s'appelaient Byerley Turk, Darley Arabian et Godolphin Arabian.

Dès lors, au début du XVIIIe siècle, on cesse d'utiliser l'apport des étalons arabes qui avaient permis de stabiliser la race. Les produits des accouplements seront à leur tour croisés entre eux pour donner naissance à des chevaux dont les enfants deviendront les plus rapides coursiers du monde. Mais l'effervescence règne dans les élevages. Aussi doit-on réglementer avec précision la démarche qui certifie l'appartenance à la lignée des pur-sang. Ce que les Anglais vont authentifier avec l'appellation *thoroughbred*, c'est-à-dire « élevé dans la pureté ».

Ainsi, pour éviter tout dérapage et afin de permettre un contrôle permanent, les informations concernant les géniteurs de cette nouvelle race seront rassemblées dans un registre officiel : le célèbre *General Stud-Book*, qui fut publié pour la première fois en 1808. Ne furent ensuite répertoriés que les seuls chevaux dont les parents figuraient eux-mêmes au *Stud-Book*. Plus tard, les pays qui importèrent des pur-sang anglais destinés à la reproduction ouvrirent à leur tour des registres officiels. En France, le premier *Stud-Book* fut créé en 1833 et publié en 1838 par le ministère de l'Agriculture.

Un cheval pur-sang possède obligatoirement un père et une mère certifiés *thoroughbred* chacun de leur côté. Conçue pour la course au galop (plat ou obstacle), la race pur-sang triomphe sur les hippodromes du monde entier. Quelques rares sujets se distinguent parfois dans des spécialités équestres comme le dressage ou dans le concours hippique. Deux disciplines dans lesquelles ne peuvent pas vraiment briller des chevaux réputés pour leur fragilité nerveuse (voire pour une franche instabilité due aux influences consanguines).

Mais revenons à nos trois héros de la lignée. Cheval arabe à la robe noire, Byerley Turk serait né en 1680. Capturé en 1683 lors d'une bataille contre les Turcs, il accomplit d'abord un fougueux parcours dans l'armée aux côtés du colonel Robert Byerley (qui lui donnera donc son nom). Quand le colonel part à la retraite, le cheval commence une nouvelle carrière : celle d'étalon, au haras de County Durham, puis dans celui du Yorkshire. Herod, son arrière-petit-fils, verra le jour en 1758. Sa descendance remportera sept Grands Prix de l'Arc de Triomphe.

Cheval arabe bai sombre, Darley Arabian naquit en 1702. Un consul britannique, Thomas Darley, l'achète à un cheik syrien dès 1704. L'année suivante, le nouveau propriétaire installe l'animal dans son domaine, à l'est du Yorkshire. Né d'un croisement avec Betty Leedes, son fils – l'exceptionnel Flying Childers – deviendra le premier vrai champion des champs de course. Mais Darley Arabian va surtout marquer les esprits des spécialistes en sa qualité d'arrière-arrière-grand-père du prodigieux Éclipse. Né en 1764, le jour d'une éclipse de soleil, ce cheval remporta toutes ses courses. Sans exception. Et, dans sa descendance, figurent trente-six vainqueurs du Grand Prix de l'Arc de Triomphe !

Aux confins du romanesque et de la légende, la fabuleuse aventure de Godolphin Arabian (parfois appelé Godolphin Barb) ne manque pas de sel. Encore que l'animal devra un temps s'en passer (de selle !) puisqu'il va tout d'abord devoir tirer des charrettes.

Cheval bai sombre, Godolphin Arabian naquit au Yémen en 1724. Envoyé à Tunis, après un court séjour en Syrie, l'animal débarque en France : cadeau du sultan du Maroc à Louis XV. Mais l'entourage équestre du souverain ne semble guère apprécier l'impétueux caractère de Godolphin (qui ne porte toujours pas ce nom-là). Aussi le vend-on à un marchand. Commence pour l'animal une pénible période de tracteur de voitures dans les rues de Paris. Et là, miracle ! Edward Coke of Derbyshire le remarque et l'achète (1729). Quatre ans plus tard, lord Godolphin acquiert le cheval qu'il place dans son haras de Gog Magog, tout près de Cambridge. En vaillant baroudeur qui, non seulement a vu du pays, mais qui a également traîné ses sabots sur le pavé parisien, Godolphin ne se laisse pas impressionner par l'étalon en titre du lieu. Il lui inflige une honteuse raclée, gagne les faveurs de la jument Roxane et ses galons de reproducteur en chef du haras. De ce croisement naîtra Cade (1734), père de Matchem (1748).

Si Byerley Turk, Darley Arabian et Godolphin Arabian restent, aux yeux des spécialistes, les ancêtres de la race pur-sang, Herod, Éclipse et Matchem font figure de véritables chefs de la lignée.

Quant aux très lointains grands-parents de ces étalons de l'Orient, leur origine précise n'a pas encore été clairement identifiée. D'aucuns penchent pour un berceau se situant aux alentours du nord de la Syrie et du sud de la Turquie actuelles. D'autres suggèrent l'existence d'une zone propice à l'épanouissement de cette race dans le sud-ouest de la péninsule Arabique. Quoi qu'il en soit, le cheval arabe avait gagné la confiance des tribus nomades des régions semi-désertiques.

Résistant, fin mais puissant, sobre, éveillé, fidèle, l'animal possède toutes les qualités requises pour devenir un redoutable cheval de guerre. Et, au fil des siècles, les étalons de la plus ancienne race de chevaux de selle vont contribuer à améliorer une multitude de races locales.

Introduit en Europe au moment des invasions musulmanes (VIIe et VIIIe siècles), notamment avec la conquête de l'Espagne, le cheval arabe influencera les caractéristiques de nombreuses races autochtones. Ici ou là, on conservera même des souches « pures » qui seront régulièrement confortées par l'apport de reproducteurs importés du Moyen-Orient. Et l'animal va donc « affiner » maintes lignées chevalines. Qu'elles soient de selle ou de travail.

Forte de la glorieuse et chevaleresque épopée de ses flamboyants équidés, la tradition musulmane s'employa à forger une légende sacrée au cheval arabe. Logiquement, elle met en scène Mahomet (570-632), fervent admirateur de l'animal et, tout particulièrement, de ses propres juments. Ainsi, pour tester leur courage, le Prophète aurait laissé une centaine d'entre elles sans boire pendant plusieurs jours. Enfin libérées, elles se ruent évidemment vers le point d'eau le plus proche. Mais, avant même que la plus rapide arrive à la rivière, Mahomet sonne le rappel. Seules cinq juments rebroussent chemin ! Vous l'aurez compris, elles seront choisies par le Prophète pour fonder la race des arabes pur-sang. Il s'agit des juments al-Kramsa (les cinq en arabe). Un bon millénaire plus tard, personne ne sait si Byerley, Darley et Goldophin descendent en droite ligne des juments d'al-Kramsa !

Plus sérieusement, on a en revanche l'absolue certitude que le cheval n'a acquis ses caractéristiques actuelles que « tout récemment », c'est-à-dire il y a environ un million d'années. Le tout premier cheval ne mesurait pas plus de 1,30 m mais possédait déjà des membres terminés par un sabot unique. Une spécificité qui le différencie fondamentalement du premier équidé, *Eohippus*, dont la taille ne dépassait pas 50 cm. Il vivait voici 55 millions d'années et avait quatre doigts aux membres antérieurs et trois aux postérieurs. Jamais personne ne saura dire s'il aurait fait bonne figure au Derby d'Epsom !

Quoi qu'il en soit, l'effervescence autour des hippodromes, sur les champs de course, dans les écuries, chez les courtiers et les éleveurs a largement contribué à générer le marché florissant du yearling. Un jeune pur-sang est considéré comme yearling entre le 1er janvier et le 31 décembre de l'année qui suit sa naissance. Sur le célèbre marché de Deauville, un yearling fut vendu la bagatelle de 10 millions de francs en août 1998 (1,5 million d'euros, autant de dollars). Un record mondial semble avoir été établi au Kentucky (juillet 1985) avec la transaction de Seattle Dancer : 13 millions de dollars.

Dans la vie d'un chien, est-il vrai qu'une année correspond à sept ans chez un homme ?

Curieuse attitude que de tout vouloir étalonner selon les normes de l'humain ! Le chien, comme tant d'autres animaux, possède un rythme biologique spécifique. En conséquence, il dispose de sa propre espérance de vie : entre 8 à 15 ans (selon les espèces et moult paramètres). Les équivalences ne signifient donc pas grand-chose. Pourquoi ne pas se demander à quoi correspond une minute (en années humaines) dans la courte existence d'un bombyx du mûrier (papillon du ver à soie) qui possède une espérance de vie de 24 heures ? Et que dire de la seconde — essentielle ! — pour un éphémère qui meurt au bout d'une heure ? Lorsque cet insecte vit depuis 22 minutes et 33 secondes, quel âge a-t-il en années humaines ? Ridicule !

Mais concédons que la proximité domestique et affective du chien attise la curiosité et incite bien des enfants à poser la question. Alors, voici un calcul qui permet d'approcher une équivalence raisonnable. Au passage, rien à voir avec la formule simpliste qui se contente de multiplier l'âge du chien par sept.

Le principe consiste à retirer une année à l'âge du chien. Puis à multiplier par 4. Et, enfin, à ajouter 21 au résultat

Exemples. Pour un animal âgé de 7 ans : 7 − 1 = 6 ; 6 x 4 = 24 ; 24 + 21 = 45 années « humaines ». Pour un autre âgé de 15 ans : 15 − 1 = 14 ; 14 x 4 = 56 ; 56 + 21 = 77.

Les éléphants ont-ils une mémoire infaillible ?

Masse informe plantée sur quatre énormes piliers, oreilles démesurées, queue minuscule, étrange trompe jouant le rôle d'outil multiservices : le pachyderme ne laisse personne indifférent. Et il a gagné depuis longtemps le cœur des enfants. Dessins animés, bandes dessinées et peluches témoignent de l'impact qu'il a toujours su exercer sur des générations de bambins. Comme s'il se dégageait de cet animal hors normes une puissance et une sagesse venues des temps immémoriaux et dont il serait le dépositaire.

La notion d'origine ancestrale accolée à de vagues images préhistoriques a très probablement fortifié la conviction populaire qui attribue à l'éléphant une mémoire prodigieuse. Voire infaillible. Restait à démontrer une affirmation qui accentue encore l'aspect mystérieux du pachyderme.

Un chercheur allemand a méthodiquement réalisé l'expérience suivante. Après avoir dessiné un carré sur une caisse et un cercle sur une autre, il a tout d'abord appris à l'éléphant une chose *a priori* très simple : savoir reconnaître le carré sur la caisse qui contenait la nourriture. L'apprentissage ne fut pas évident. D'ailleurs, tous les dompteurs de cirque le savent : l'éléphant apprend lentement. En revanche, dès qu'il a « capté » ce que l'on attend de lui, les choses s'accélèrent. De surcroît, l'animal montre ensuite une grande fiabilité dans l'exécution de son numéro.

Le chercheur allemand va confirmer cette tendance. Cette fois, il dessine sur les caisses plusieurs marques. Et l'éléphant va reconnaître plus rapidement la caisse de nourriture. Jusqu'ici, rien de vraiment exceptionnel, d'autres animaux réussissent cette expérience. Mais la démonstration devient intéressante un an plus tard. Là, le chercheur place l'animal dans les mêmes conditions. Il lui présente les fameuses caisses. D'abord avec un seul rond et un seul carré, puis avec plusieurs dessins. L'éléphant choisit chaque fois la bonne caisse (celle qui contient la nourriture). Cette expérience a longtemps contribué à conforter l'idée de la fameuse « mémoire d'éléphant », expression d'ailleurs passée dans le langage courant pour désigner quelqu'un qui se souvient des moindres détails d'une situation.

Les résultats d'une autre expérience ont été publiés en mars 2001. S'appuyant sur les travaux de trois de leurs collègues kényanes, deux chercheuses britanniques ont étudié pendant sept ans une vingtaine de troupeaux d'éléphants (chacun indépendant) dans une réserve nationale du Kenya. En diffusant des enregistrements d'appels d'éléphants, les deux femmes ont établi d'intéressantes conclusions. L'animal qui dirige le groupe (une femelle âgée) ignore les appels familiers. En revanche, elle protège et rassemble immédiatement autour d'elle les petits dès que survient un appel étranger. De surcroît, plus la femelle dominante affiche un âge avancé, plus elle réagit promptement. Et, surtout, correctement.

En Afrique, un groupe familial type se compose le plus souvent d'une femelle dominante âgée entourée de ses filles et petites-filles. Les éléphants mâles quittent très tôt le troupeau, soit pour vivre seuls, soit pour rejoindre un groupe d'autres jeunes pachydermes.

Selon les deux chercheuses de l'université de Brighton (Sussex, Grande-Bretagne), la femelle qui dirige le groupe « construit sa mémoire au fil des ans ». Elles expliquent : « La mère dominante joue ainsi un rôle clef en devenant le dépositaire d'une sorte de connaissance sociale dont dépendent les autres sujets du troupeau. » Et, en fonction de cette qualité de mémoire (d'expérience sensorielle assimilée à travers sons et odeurs), le groupe manifeste plus ou moins d'anxiété.

Ainsi, toujours selon cette étude, plus une femelle dominante sait reconnaître de vieux amis, plus le groupe vit et se reproduit dans la sérénité ! En d'autres termes, elle contribue au bien-être du groupe. Et au-delà, dans cette organisation très hiérarchisée, chaque mère transmet les us et coutumes du groupe à ses enfants, jusqu'à ce qu'elle acquière les compétences d'une respectable matriarche capable de bouter de la communauté les importuns. Mais n'y a-t-il pas dans tout cela davantage d'instinct, de mimétisme et d'imitation que de prodigieuse mémoire ?

Comment les poissons font-ils pour dormir ?

Le sommeil peut se définir comme un état physiologique normal, naturel et périodique qui se caractérise par la suspension de la vigilance et le ralentissement de certaines fonctions (activité musculaire, circulation sanguine, respiration). Dans cette situation de repos du corps et de l'esprit, les yeux sont habituellement clos et il n'y a plus de pensée consciente ni de mouvement volontaire. Mais cette description, qui correspond parfaitement à l'attitude d'un humain endormi, ne nous aide pas vraiment à comprendre si le poisson aime à se retrouver dans les bras de Morphée.

Dans son milieu de prédilection, le poisson reste *a priori* le mieux placé... pour coincer la bulle. Seulement voilà, mis à part quelques sujets parmi les 375 espèces de requins ou les 456 espèces de raies (ordre des sélaciens à squelette cartilagineux), les poissons ne possèdent pas de paupières. Même si certaines variétés disposent d'une membrane qui protège les yeux d'éventuelles irritations, pas un seul poisson n'a de paupières opaques susceptibles de « couper » toute vision.

Dans de telles conditions, impossible de fermer l'œil pour roupiller tout son soûl. Quant aux poissons de haute mer, ils n'arrêtent jamais de nager. Alors, en référence au postulat de départ, absence de paupières et activité musculaire constante signifient-elles vraiment que les poissons ne dorment pas ? Évidemment non. Sauf que le poisson a sa façon bien à lui de pioncer quand vient à passer le marchand de sable (qui a tout ce qu'il lui faut sous la main).

Par exemple, le poisson de roches devient tout simplement inactif et semble flotter lorsqu'il somnole. En fait, il ne dort pas profondément et reste conscient d'un danger qui approche. Les plongeurs découvrent parfois des poissons qui s'appuient franchement sur un rocher. D'autres semblent reposer sur leur queue, yeux grands ouverts. Lorsqu'ils sont dans cette position semi-comateuse, les poissons se laissent approcher de très près, au point que certains habiles plongeurs parviennent même à les saisir. Mais une légère agitation les fait immédiatement détaler, prouvant ainsi qu'ils ne sont pas totalement inconscients du danger.

En haute mer, nombre d'espèces n'arrêtent pas ne nager. Toutefois, par périodes, elles semblent réduire leur activité pour se contenter d'une sorte de « sommeil éveillé ». Un peu comme l'humain planté sans grande conviction devant l'écran de son téléviseur, œil hagard et neurones en détresse. Quant à l'état de sa matière grise en de telles circonstances, « soyons sérieux, disons le mot, ce n'est plus un cerveau, c'est comme de la sauce blanche » (Boris Vian dans *La Java des bombes atomiques*).

Cependant, si quelqu'un surgit dans le salon, l'individu sait aussitôt se connecter à la réalité de l'environnement. Mais, impossible pour lui de donner un sens à ce qui se déroulait sur l'écran. En somme (c'est vraiment le cas de le dire !), placé dans une telle situation, en laissant l'esprit flotter entre deux eaux, à peine assoupi et l'œil mi-clos, vous ne serez pas très loin de « dormir » comme un poisson.

Quel animal est le plus grand athlète au monde ?

N'en déplaise à votre chien, la puce réalise des performances qui feraient pâlir les plus talentueux médaillés olympiques. Sans anabolisants ni amphétamines (sauf à avoir goulûment sucé le sang d'un sportif dopé), elle saute allègrement 33 cm en longueur et autour de la vingtaine de centimètres en hauteur. Mais attention ! Il s'agit bel et bien là de véritables exploits en regard de sa gracile morphologie.

Proportionnellement à la taille de l'insecte, cela correspondrait chez l'humain à un saut en longueur de 180 m et à un bond en hauteur supérieur à la centaine de mètres ! Mais quelle drôle d'idée que de toujours vouloir tout comparer aux lois du bipède pensant (voir *Dans la vie d'un chien, est-il vrai qu'une année correspond à sept ans chez l'homme ?*).

Certains scientifiques qui ne manquent d'ailleurs pas d'humour font remarquer que ces prouesses n'ont rien d'exceptionnel dans la mesure où la puce n'a guère évolué depuis plus de 40 millions d'années. Ce qui a largement laissé le temps à l'insecte sauteur de s'exciter et de gambader sous toutes les latitudes afin de parfaire son entraînement. Rendez-vous dans quelque 38 millions d'années pour voir si le record olympique du saut en longueur approche donc les 200 m.

Plus sérieusement, dans ce registre de la performance animale, il existe de remarquables exemples qu'il convient de garder à l'esprit. Ainsi, le faucon pèlerin fond sur sa proie à la vitesse de 350 km/h (alors que sa vitesse de vol régulier n'atteint que les 80 km/h). En arrivant sur ses victimes (canards, pigeons) avec une telle rapidité, comme une lame de guillotine, il leur sectionne littéralement la tête d'un seul coup d'ergot. On a longtemps pensé que le martinet à gorge blanche rencontré au Japon détenait le record de vitesse (170 km/h). Dans ses phases d'accélération, un rapace comme la buse approche les 120 km/h. De leur côté, les insectes prennent le temps d'admirer le paysage. Les plus rapides (taon ou œstre du daim) plafonnent à 40 km/h. La libellule d'Australie pousse cependant des pointes jusqu'à 58 km/h.

À l'opposé de ces records de vitesse, on rencontre également des oiseaux qui savent faire du sur-place, comme le martin-pêcheur. À l'instar de la buse, d'autres ne donnent que l'illusion de la stabilité dans la mesure où ils volent contre le vent. Mais, sans la moindre contestation possible, le véritable champion du vol stationnaire reste le colibri ou oiseau-mouche, minuscule animal des climats tropicaux qui soutient un rythme effréné de 70 à 90 battements d'ailes... par seconde.

Immobile à la verticale, le colibri peut ainsi déguster le nectar des fleurs, un aliment très riche en calories qu'il doit absolument ingurgiter pour compenser sa prodigieuse dépense d'énergie. Pour avoir une petite idée de l'intense activité qu'il déploie, il faut savoir que son cœur bat à la fréquence d'un millier de pulsations par minute lorsque l'oiseau-mouche vaque à ses occupations courantes. Face au colibri, avec sa moyenne de 80 battements d'aile par seconde et sa taille d'une douzaine de centimètres, le vautour fait piètre figure : un battement par seconde !

Muni d'un curieux aileron dorsal, le voilier (3,4 m de long à l'âge adulte) atteint facilement les 110 km/h (pendant des pointes d'une dizaine de secondes). Vitesse sensiblement équivalente à celle que soutient le guépard des savanes d'Afrique australe (animal le plus rapide sur la terre ferme) pendant une quinzaine de secondes. Au-delà de ce laps de temps, il abandonne la poursuite de sa proie.

Enfin, restent les étonnants records des amusants exocets ou poissons volants. Ils naviguent dans les eaux équatoriales et tropicales qui abritent une bonne quarantaine d'espèces différentes. Ces animaux (de 10 à 50 cm) disposent de nageoires pectorales et pelviennes très développées, attributs qui se transforment en ailes salvatrices lorsqu'il s'agit d'échapper à leurs redoutables prédateurs. Certains poissons volants parcourent une distance d'environ 40 m en restant totalement hors de l'eau pendant quatre à six secondes. Et ils s'envolent alors entre 1 et 1,50 m au-dessus des vagues. Pour sa part, le poisson-hache (ou hachette volante), fort de ses 7 cm de long, prend un envol de 3 m au-dessus des cours d'eau d'Amérique latine. Remarquable exploit pour un poisson. Mais il faudrait qu'il s'entraîne encore un peu pour rivaliser avec le vautour de Ruppel dont un tourneboulant spécimen heurta un avion à 11 000 m, au-dessus d'Abidjan, le 29 novembre 1973.

Une espèce dont les sujets sont stériles va-t-elle s'éteindre ?

D'abord, demandez-vous donc pourquoi le bardot aussi bien que la bardine font leur tête de mule. Tout simplement parce qu'ils savent pertinemment qu'ils n'auront jamais de rejetons. Et pourtant, bardots (et bardines), mulets (et mules) continuent de peupler les campagnes. Des régions comme le Poitou ou le Massif central pratiquent même avec sérieux l'élevage du mulet.

En fait, la plupart des animaux hybrides (c'est-à-dire issus du croisement de deux espèces différentes) sont le plus souvent stériles. Ainsi, la mule et le mulet, résultat des amours d'un âne et d'une jument, ne peuvent engendrer aucune descendance directe. Tous les mâles sont stériles, et, à de très rares exceptions près, les femelles également. Pourtant, la mule reste fort appréciée pour ses qualités de robustesse, de calme et d'assurance (notamment sur les chemins de montagne) qu'elle tient de l'âne, mais aussi pour sa force et ses capacités d'apprentissage qu'elle tire du cheval. Donc, seule solution pour que l'espèce ne s'éteigne pas : qu'ânes et juments continuent de batifoler pour le plus grand bonheur des randonneurs !

La démonstration vaut également pour le bardot (ou bardeau) et pour la femelle, la bardine, fruit du croisement d'un étalon et d'une ânesse. Là encore, cet animal hybride est généralement stérile. Très rarement, il peut arriver que l'un des deux soit fécond. Mais chacun sait

141

que cela ne suffit pas en de telles circonstances. Donc, là encore, grâce au dévouement du cheval et de l'ânesse, le bardot peut en principe dormir sur ses deux oreilles : la lignée ne s'éteindra pas.

D'autres hybrides célèbres se trouvent dans la même situation : attendre des autres qu'ils perpétuent la descendance. Citons notamment le tiglon, encore appelé tigron (croisement du tigre et de la lionne), mais aussi le ligron (croisement du lion et de la tigresse). Dans les deux cas, la fertilité des femelles ne suffit pas puisque les mâles sont toujours stériles. Donc, très clairement, la stérilité des sujets d'une espèce ne l'empêche pas de perdurer.

L'éponge est-elle une plante ou un animal ?

La biologie étudie la vie et les êtres vivants. Tous les êtres vivants ! De l'imposant mastodonte au plus microscopique élément. Qu'il s'agisse aussi bien d'animaux que de plantes. Il convient ensuite de distinguer la zoologie (qui se penche sur les premiers) et la botanique (qui s'intéresse à la connaissance du monde végétal).

Les biologistes recensent toutes les espèces vivantes. On en dénombre aujourd'hui largement plus de deux millions. Mais la tâche se poursuit, inlassablement, car il reste encore un énorme travail à accomplir. Toujours est-il que les scientifiques séparent le vivant en cinq catégories : règne animal, procaryotes (bactéries), protistes (algues), champignons et végétaux (aussi appelés plantes supérieures).

En schématisant, disons que les animaux se distinguent des végétaux grâce aux paramètres suivants. Tout d'abord, par leur capacité à se mouvoir librement pour assurer leur alimentation et leur reproduction. Ensuite, les animaux possèdent un système nerveux plus ou moins développé leur permettant de recevoir, d'analyser et de répondre aux stimulus de leur milieu environnemental. Enfin, ils disposent éventuellement de facultés leur conférant l'aptitude d'élaborer un comportement psychique (caractère tout spécialement développé chez l'humain). Toutefois, pour distinguer avec précision l'appartenance à l'un ou l'autre règne (animal ou végétal), les scientifiques doivent parfois recourir à des critères beaucoup plus complexes.

Entre autres, la structure de la paroi cellulaire ou le mode de nutrition. Par opposition aux procaryotes (dont la cellule est dépourvue d'un noyau figuré), animaux et plantes supérieures (eucaryotes) possèdent des cellules qui contiennent un noyau délimité par une membrane. Chez les animaux, cette membrane ne contient pas de cellulose. Autre distinction possible : le mode de nutrition. Par exemple, les végétaux chlorophylliens peuvent « absorber » les éléments organiques dont ils ont besoin grâce à la photosynthèse. Tandis que les animaux doivent se nourrir.

Tout cela n'avance guère le profane qui, dans certains milieux aquatiques, serait bien en peine de distinguer une algue d'un spongiaire. Mais arrêtons là l'insoutenable suspense ! Oui, les spongiaires sont bel et bien un embranchement (environ 9 000 espèces) du règne animal.

Presque toutes marines (certaines vivent en eau douce), les éponges possèdent un squelette (en calcaire, silice ou matière organique) et des cellules nerveuses. Leurs tissus sont percés de deux types de trous bien distincts, un (ou plusieurs) de large taille et d'autres plus petits. D'attentifs chercheurs ont mis en évidence une circulation de l'eau, qui entre par les petits orifices et ressort par le (ou les) trous plus gros. Toute l'intensité de la vie de l'éponge – et sa légendaire sérénité – reste intimement liée à cette valse spécifique de l'eau qui lui apporte l'oxygène et les éléments nutritifs (microscopiques) nécessaires.

La classification du monde vivant s'opère selon des règles précises. Figure en premier lieu le règne qui se subdivise ensuite en groupes plus restreints : l'embranchement, la classe, l'ordre, la famille, le genre et, pour terminer, l'espèce. Par convention internationale, l'espèce possède un nom scientifique composé en deux parties. La première (avec majuscule) se réfère au genre et la seconde à l'espèce.

Prenons quelques exemples. Dans le règne animal, embranchement des vertébrés, classe des oiseaux (9 900 espèces), puis ordre des apodiformes figurent des animaux comme le martinet ou le colibri. Dans le règne animal, embranchement des arthropodes, classe des insectes (plus de un million d'espèces !), puis ordre des siphonaptères figurent les puces.

En langage international (entre parenthèses) : dans le règne animal (*Animalia*), embranchement des vertébrés (*Vertebrata*), classe des mammifères (*Mammalia*), ordre des carnivores (*Carnivora*), famille des félidés (*Felidae*), genre des grands félins (*Panthera*)... se trouve l'espèce du tigre (*Panthera tigris*). La classe des mammifères compte 4 600 espèces.

Comment les huîtres fabriquent-elles des perles ?

Parmi les mollusques (embranchement du règne animal composé des invertébrés à corps mou) figure la classe des lamellibranches. Dans cette bande de joyeux lurons aquatiques s'ébrouent les coquilles Saint-Jacques, les palourdes, les moules et, bien sûr, les huîtres, notamment la méléagrine (ou pintadine) qui nous intéresse ici tout particulièrement. Cette huître perlière que l'on rencontre dans les mers chaudes (Océanie) produit de vrais petits joyaux naturels que l'on peut admirer dans les vitrines des bijoutiers.

Le processus de « fabrication » d'une perle suit toujours le même cheminement. À condition qu'un corps étranger (grain de sable ou parasite quelconque) s'introduise subrepticement entre la coquille et le manteau (membrane charnue qui enveloppe la masse viscérale du mollusque). Car dès que l'intrus déchire maladroitement le tissu, une implacable mécanique se met en branle.

Dans l'agression, le corps étranger entraîne avec lui des cellules qui vont l'enrober pour constituer le sac perlier. Celui-là même dont la paroi sécrétera la nacre. Et là, pour peu que notre pintadine soit d'humeur ouvrière, elle va s'appliquer à déposer des couches concentriques successives autour du noyau central (constitué par le parasite prisonnier). Cette réaction en chaîne illustre finalement un simple phénomène d'autodéfense naturelle.

Encore fallait-il se lever dès potron-minet pour tomber sur une conciliante et laborieuse méléagrine susceptible de satisfaire les fantasmes emperlés des rombières de la place Vendôme ! Fort heureusement pour les bourses de tous les damoiseaux de la planète, un Japonais mit au point une technique de production « industrielle ». Le principe consiste à introduire dans l'huître perlière des fragments de nacre déjà enrobés du débris de manteau d'un autre sujet. Une méthode autrement plus rentable que la recherche de perles fines intégralement naturelles. Mais cette intrusion forcée ne fonctionne pas à plein régime. En effet, seulement 60 % des huîtres sollicitées acceptent de fournir une perle de culture. Et, sur le lot, 2 à 3 % produisent une pièce de qualité après trois à cinq années d'effort.

De nombreux autres lamellibranches – y compris d'eau douce – peuvent également produire des perles. Par exemple, dans les Vosges, la mulette perlière a longtemps fourni de superbes pièces destinées aux couronnes des souverains d'Europe. Par ailleurs, un grand mollusque méditerranéen à coquille triangulaire (la pinne marine, plus connue sous nom de jambonneau) donne des perles aux multiples couleurs (rouges, noires, jaunes, etc.). Au gré des cycles éphémères de la mode, elles ont par instants émoustillé les parures de gorges pigeonnantes. Malheureusement, au dire d'éminents spécialistes, rares sont encore aujourd'hui les pinnes marines besogneuses et zélées. De surcroît, il paraît que leurs perles s'altèrent très rapidement.

Soulignons que la plupart des mollusques sécrètent de la nacre par la partie externe de leur manteau et qu'ils constituent ainsi la couche interne de leur coquille. Ce dépôt s'étale par couches successives. L'accumulation pouvant parfois atteindre plusieurs millimètres d'épaisseur (par exemple, chez les ormeaux).

Qu'est-ce qu'un ver luisant ?

Dans l'immense diversité de la classe des insectes (probablement plus de un million de sujets), prend place l'ordre des coléoptères. Il se compose à son tour d'une foisonnante quantité d'espèces (environ 450 000) et il s'en découvre régulièrement, notamment dans les forêts tropicales. Ainsi les seules espèces de coléoptères à ce jour répertoriées représentent-elles environ 40 % de la totalité des insectes (et pas loin de 30 % du monde animal !).

Dans cette immensité de coléoptères, le lampyre (ou ver luisant) possède la particularité de disposer d'un organe lumineux (ou photogène) sur la partie postérieure de l'abdomen. Bien que la réaction chimique précise soit encore incertaine, les chercheurs expliquent que ces photogènes contiennent une protéine (la luciférine) dont l'oxydation par une enzyme (la luciférase) engendre une production de lumière. L'émission luminescente commence au crépuscule, théoriquement entre les mois de mai à septembre, mais on l'observe plus particulièrement durant l'été.

Émis surtout par la femelle du lampyre grimpée au sommet d'un brin d'herbe, le signal lumineux a pour objectif essentiel d'attirer l'attention du mâle. Car sans cet astucieux subterfuge, il faut bien avouer que ces deux-là auraient probablement beaucoup de difficultés à se conter fleurette. En effet, le mâle lampyre possède des élytres, c'est-à-dire des ailes cornées qui recouvrent et protègent ses ailes postérieures (un peu à la manière d'un étui). Ce qui signifie qu'il peut voler. En revanche, totalement dépourvue d'ailes (et aussi d'élytres), la femelle doit se contenter d'escalader les brindilles pour prendre un peu de distance avec le sol.

Carnassiers, les vers luisants se nourrissent surtout de limaces et d'escargots. Redoutables chasseurs, ils « anesthésient » littéralement leurs victimes avant de les consommer (à l'aide d'un puissant suc digestif).

Pourquoi le chien a-t-il toujours la truffe humide ?

Selon de nombreux vétérinaires de ville, les jeunes propriétaires de chiens – pour le moins béotiens en matière d'éducation canine – s'inquiètent souvent de l'humidité nasale permanente de leur fidèle toutou. À l'inverse, un nez sec pendant une période prolongée devrait les préoccuper bien davantage puisqu'il traduit parfois un état fébrile et peut éventuellement tenir lieu de premier signe annonciateur d'une maladie.

De prime abord, l'explication la plus élémentaire se résume aux considérations suivantes. Le chien possède des glandes nasales latérales qui sécrètent un liquide et provoquent donc une humidification naturelle de la truffe. Lorsque l'animal expire par ses narines, l'humidité s'évapore, ce qui lui permet d'évacuer un excès de chaleur interne. Autrement dit, ce processus s'apparenterait à une sorte de « transpiration ».

De l'avis de nombreux spécialistes internationaux, cette vision du phénomène reste un peu schématique. Tout d'abord, elle n'explique pas pourquoi l'extrémité supérieure de ladite truffe s'humidifie. Car les glandes responsables de la sécrétion, proches de la base de la narine, pourraient se contenter de produire un anodin écoulement de liquide. Mais le Dr Don Adams (université d'Iowa, États-Unis) fait benoîtement remarquer que les chiens se lèchent très souvent le nez d'un large coup de langue appliqué (il suffit de les observer). Et ce spécialiste du système respiratoire canin de se demander si les sécrétions nasales du toutou se mélangent forcément à sa salive.

Quoi qu'il en soit, le fait qu'un chien en pleine santé ait bel et bien la truffe humide soulève une autre question : à quoi cette fonction lui sert-elle ? Là encore, plusieurs théories se présentent, voire s'affrontent.

La thèse la plus communément admise affirme donc que le chien dissipe sa chaleur interne par cette humidité nasale. Pourtant, l'animal « transpire » essentiellement par le truchement d'un halètement caractéristique, gueule ouverte et langue largement sortie, voire pendante : le seul moyen pour lui d'évacuer le plus rapidement possible un excès de chaleur par évaporation. D'ailleurs, des zoologistes précisent que 25 % de l'air inspiré ou expiré par un chien passe par le nez, les autres 75 % par la gueule qui permet à l'animal de se refroidir deux fois plus vite que par les narines. Cependant, en fonction de l'environnement, du climat et à l'état de repos (ou de semi-repos), il arrive que la seule évaporation de chaleur par la truffe suffise largement.

Clairement, un chien qui a la truffe humide évacue une certaine quantité de chaleur interne. Mais, on l'a vu, cet unique « réfrigérateur » ne lui suffit manifestement pas. L'humidification nasale permet probablement une évaporation « de base » que viennent suppléer langue et halètement le moment venu.

Pour d'autres spécialistes, beaucoup d'animaux perçoivent mieux une odeur lorsqu'elle provient d'une surface mouillée. Et ils en déduisent que l'humidification naturelle de la truffe du chien lui servirait à améliorer la puissance de ses fonctions olfactives.

Quant à l'infatigable Dr Don Adams, il a également mis en évidence une possible relation (voire connexion) entre la sécrétion de ces fameuses glandes nasales et la fonction salivaire. Certes, chacun sait que le chien salive abondamment dès qu'on lui apporte une nourriture (ou friandise) qu'il apprécie tout particulièrement. Mais l'expérience prouve qu'une telle situation entraîne aussitôt une copieuse sécrétion du liquide nasal. Et l'animal ne manque bien évidemment pas de se lécher abondamment les babines. Et le nez !

Sciences

Existe-t-il une différence entre la mer et l'océan ?

Vue de l'espace, la Terre apparaît sous la forme d'une boule bleue. Rien d'étonnant à cela puisque mers et océans représentent environ 70 % de la surface du globe. Pourvu d'une exceptionnelle diversité d'écosystèmes, ce gigantesque volume d'eau n'a d'ailleurs pas livré tous ses secrets. Loin s'en faut. En effet, dans la seconde moitié du XXe siècle, les budgets consacrés à la conquête de l'espace affichèrent des montants sans commune mesure avec les modestes crédits réservés à l'étude du milieu et du paysage sous-marin.

Aussi peut-on raisonnablement penser que l'océanographie a de beaux jours devant elle, car les grands fonds océaniques disposent d'un fantastique gisement de richesses à ce jour inexploré. Et les énormes ressources inexploitées ne manqueront pas d'attiser convoitise et concurrence. Car le sous-sol marin recèle nombre de trésors qui peuvent représenter autant d'enjeux politiques et économiques : pétrole (un quart de la production mondiale actuelle), nickel, cuivre, zinc, or, diamant, platine. De surcroît, nul doute que les surfaces cachées livreront aux scientifiques de surprenantes découvertes dans les prochaines décennies.

Bien évidemment, ces vastes étendues couvertes d'eau salée répondent à des définitions précises. Ainsi les océans séparent-ils les continents. Il y en a cinq : Atlantique, Pacifique, Indien, Arctique et Austral. Pour leur part, les mers sont des bassins beaucoup plus petits. Certaines mers bordent un océan (Manche, mer du Nord, mer de Chine, etc.). D'autres ne communiquent avec leur grand frère que par un détroit (mer Rouge et Méditerranée). Enfin, figurent dans la dernière catégorie celles qui ressemblent à de grands lacs salés (mer Caspienne, mer Morte et mer d'Aral). Par ailleurs, des mers peuvent se rejoindre par un détroit (par exemple, mer Noire et Méditerranée via le Bosphore).

Mais l'élément le plus caractéristique pour distinguer mers et océans se situe au fond de l'eau. Pour comprendre, il faut se représenter la coupe d'un océan. Les scientifiques distinguent plusieurs zones de fonds marins qui se différencient en fonction de la profondeur. Ainsi trouve-t-on tout d'abord la plate-forme littorale, également appelée plateau continental. Vient ensuite le talus continental qui commence aux alentours de 2 000 m. Certains définissent le talus et la plate-forme continentale par la notion de précontinent.

Au-delà, on plonge en pente plus ou moins forte vers les fonds océaniques, un paysage composé de vastes plaines, de monts et de montagnes (connues sous le nom de dorsales océaniques). Ce plancher océanique se situe entre 3 000 et 6 000 m de profondeur. Viennent enfin les fameuses fosses abyssales qui continuent, à juste titre, de fasciner les chercheurs.

Ainsi, les fosses s'allongent sur plusieurs milliers de kilomètres et elles correspondent aux plus grands « trous » que connaisse la Terre. Elles résultent notamment d'un mécanisme dit de subduction qui dure depuis plusieurs millions d'années : pour simplifier, une plaque océanique composée de roche en fusion refroidit, s'étale puis glisse et s'enfonce sous une autre plaque. Les plaques sont composées de roches basaltiques excessivement lourdes, tandis que les continents (non immergés) sont essentiellement constitués de granites et de roches sédimentaires.

Quoi qu'il en soit, les fosses abyssales nous entraînent vers des profondeurs... du même nom. Les plus connues se situent dans l'océan Pacifique : à l'ouest, la fosse des Mariannes (11 034 m) et celle de Mindanao (11 524 m) ; au sud, la fosse des îles Kermadec et Tonga (10 882 m). En revanche, dans le Pacifique est, la fosse qui longe le Chili n'atteint « que » 8 050 m. De la même façon, les fosses abyssales de l'océan Atlantique plongent à des profondeurs raisonnables : 9 230 m pour celle de Porto Rico et 8 250 m pour celle des îles Sandwich.

Ainsi, outre les précisions données plus haut, l'étendue et la taille des zones abyssales déterminent-elles la distinction entre mers et océans. Ceux-ci se caractérisent par la modeste proportion de leurs plates-formes littorales et par l'existence de fosses abyssales sur leur plancher océanique. À l'inverse, les mers ne possèdent jamais de fosses abyssales et leurs fonds marins se réduisent parfois aux seuls plateaux et talus continentaux.

Pourquoi le bâillement est-il contagieux ?

À dire vrai, aucun scientifique n'a encore réellement identifié les causes précises du bâillement. Aussi plusieurs théories s'affrontent-elles sur les raisons qui déclenchent subitement la très caractéristique ouverture de la bouche accompagnée d'une longue et profonde inspiration immédiatement suivie d'une courte expiration.

La thèse la plus banale (et le plus communément reprise ici ou là) avance le processus suivant : un réflexe provoquerait le bâillement lorsque le corps a besoin d'un afflux d'oxygène. Notamment à certains moments de la journée, quand fatigue ou ennui ralentissent le rythme de la respiration et que le gaz carbonique s'accumule dans le sang. Selon cette thèse, plusieurs personnes rassemblées dans une salle d'attente surchauffée vont logiquement bâiller puisqu'elles développent les mêmes sensations (fatigue, relâchement musculaire, ennui) et qu'elles subissent des conditions environnementales analogues. Explication purement physiologique qui ne rassemble cependant pas tous les suffrages. Loin s'en faut.

Pour tenter de résoudre cette énigme, diverses expériences ont été pratiquées, notamment par l'Américain Robert Provine de l'université du Maryland. Par exemple, il a montré que des sujets réunis dans une pièce continuaient de bâiller à la même fréquence, y compris lorsqu'ils étaient artificiellement « alimentés » en oxygène. Ce qui, pour le moins, relativise la théorie qui s'appuie sur le besoin de chasser l'accumulation de gaz carbonique dans le sang.

En revanche, une étroite relation a été établie entre bâillement et ennui. Pour le prouver, il suffit de placer deux groupes d'individus dans des conditions d'expérience rigoureusement identiques, leur demandant d'assister à une projection de trente-cinq minutes. Un groupe visionne un documentaire monotone ou complexe ; un autre regarde un film au tempo vif qui traite d'un thème divertissant, léger (mais pas comique). Évidemment, les premiers bâillent à s'en décrocher la mâchoire. Reste à savoir si ces individus bâillent pour des raisons psychologiques (parce qu'ils s'embêtent) ou pour des raisons physiologiques (parce que l'ennui estompe leur vigilance, qu'ils perdent progressivement le contrôle d'actes conscients et s'approchent de la somnolence).

D'autres expérimentations ont également montré que 55 % des sujets qui visionnent un clip de cinq minutes contenant une série de trente bâillements... se mettent à bâiller. Le ratio tombe à 21 % lorsqu'on leur projette (toujours dans les mêmes conditions) un clip montrant un homme qui, cette fois, va rire trente fois. Dans cette même logique, les chercheurs ont noté que des aveugles bâillent si on leur fait écouter une cassette de bâillements. Et que certains individus ne peuvent retenir ce spasme... lorsqu'ils lisent un texte traitant du sujet (ceux qui viennent de bâiller peuvent en témoigner). Toutes ces constatations prouvent que le bâillement n'a plus ici de relation directe avec un manque d'oxygène ou avec la fatigue et l'ennui. Et là, nous ne sommes plus dans un système de réaction réflexe, mais bel et bien dans un mécanisme de stimulation. Comme si des capteurs détectaient les caractéristiques spécifiques au bâillement (vu dans les clips, entendu dans les cassettes destinées aux aveugles), pour ensuite activer le cheminement neurologique qui conduit à son tour au bâillement.

Reste une dernière catégorie de spécialistes qui penchent pour une thèse curieuse, celle de l'évolution. Pour ces chercheurs, une dimension essentielle du bâillement a toujours été minimisée dans les études. À savoir, le fait que ce spasme découvre très largement les dents. Conclusion des tenants de leur théorie : le bâillement aurait d'abord été une attitude agressive. Puis il se serait métamorphosé en « signal social » destiné à attirer l'attention des autres individus du groupe. Il suffit d'imaginer des armadas d'*Homo erectus* en ordre de bataille qui bâillent bruyamment avant de se lancer à l'assaut d'une tribu ennemie !

Mais, à l'intérieur même de cette tendance « évolutionniste », d'autres s'inscrivent en faux. Pour eux, il ne s'agissait absolument pas d'une posture agressive, mais plutôt d'une espèce de briefing avant la lettre. Ou plus exactement, d'une sorte de séance collective destinée à mettre les guerriers en condition avant qu'ils n'aillent s'étriper. Cette vision originelle du bâillement pourrait donner des idées à quelques aigrefins toujours à l'affût de nouveautés saugrenues pour soulager les bourses de naïfs désemparés. Tout comme on a récemment vu fleurir des stages de rire supposés soulager de tous les maux, ne doutons pas que d'astucieux charlatans pourraient trouver des vertus bienfaisantes à organiser des stages de bâillement.

Soulignons enfin que tous les vertébrés bâillent. Du primate à l'éléphant, en passant par les oiseaux. Ce qui complique les choses et remet pas mal en question maintes expériences citées précédemment. Quoi qu'il en soit, si vous bâillez au volant, arrêtez-vous au plus vite sur une aire de repos. Par ailleurs, si vous souffrez par périodes de bâillements excessifs (quatre par minute), consultez un médecin.

Quant à la consommation de certains médicaments qui affectent les neurotransmetteurs du cerveau (notamment dans le traitement de la dépression et de la maladie de Parkinson), ils peuvent déclencher des bâillements excessifs.

Est-il vrai que poils et ongles continuent de pousser après la mort ?

Encore un ragot qui a la vie dure ! Et qui, au fil du temps, s'est transformé en une sordide rumeur que quelques pédants s'obstinent à métamorphoser en légende urbaine. Pourtant, pas le moindre paramètre scientifique ne peut venir étayer cette thèse absurde. Et rien ne peut venir contrecarrer l'évidence : dans un corps mort, le sang ne circule plus ! En conséquence, ongles, poils et cheveux ne peuvent plus recevoir la nourriture qui leur permettrait de poursuivre leur croissance.

Cependant, en toute bonne foi, deux jours après le décès d'un proche, un observateur attentif peut avoir l'impression que les cheveux du défunt ont bel et bien continué de pousser. Tout simplement parce que la peau d'un cadavre se dessèche. Donc, elle se rétracte. Mais comme les poils ne tombent pas immédiatement, ce dessèchement et le retrait de la peau qui s'ensuit laissent l'illusion d'une véritable croissance des cheveux sur la zone du crâne examinée.

Ce mécanisme s'observe très nettement pour les ongles dans la mesure où la peau des doigts se rétracte encore plus rapidement. Chez les hommes, le phénomène ne manque pas de se produire au niveau de la barbe. Là aussi, elle n'a absolument pas poussé, mais dessèchement et retrait de la peau produisent cette illusion de croissance.

Donc, très clairement, et une bonne fois pour toutes, ongles et cheveux ne continuent pas de pousser après la mort.

Pourquoi l'eau de mer est-elle salée ?

Longue histoire ! La Terre, grosse boule rocheuse qui tourne autour du Soleil, a commencé à se former il y a environ 4,6 milliards d'années à partir d'une matière en état de fusion. Un lent processus de refroidissement a permis le durcissement progressif des premières roches et la solidification de la croûte terrestre. Une épaisse atmosphère (composée de vapeur d'eau, d'acide cyanhydrique, de méthane et d'hydrogène) enveloppe la planète, tandis que l'eau se condense pour constituer l'ébauche des mers initiales et que les premières molécules complexes tentent de se développer.

La pluie commence à tomber vers 4 milliards d'années et des réactions chimiques s'esquissent grâce, d'une part, aux rayons du Soleil et, d'autre part, à la chaleur de la croûte terrestre. Mais surtout, les océans constituent un exceptionnel laboratoire où vont se façonner les principes constitutifs de la vie.

Les premiers « êtres vivants », des bactéries, apparaissent vers 3,8 milliards d'années (il s'agit là des ancêtres de nos actuelles bactéries). L'une d'entre elles, la cyanobactérie, va alors jouer un rôle fondamental dans l'apparition de l'oxygène qui caractérise l'atmosphère de notre planète. Car les cyanobactéries pratiquent la photosynthèse, c'est-à-dire qu'en utilisant l'énergie lumineuse, elles fabriquent des sucres (à partir du gaz carbonique de l'atmosphère) et dégagent de l'oxygène. Et, pendant 3 milliards d'années, elles connaîtront une expansion considérable dans les mers de moindre profondeur. L'épaisseur des couches de calcaire marines prouve leur abondance et leur intense activité. Ces cyanobactéries dominaient alors les écosystèmes.

Entre 3,8 et 1,8 milliards d'années, le monde foisonnant des bactéries ne va pas cesser d'évoluer. Aux côtés des bactéries procaryotes (organismes unicellulaires sans noyau, telles que les ancestrales cyanobactéries) vont se développer des structures vivantes beaucoup plus complexes. Les scientifiques leur ont donné le nom d'eucaryotes. Il s'agit cette fois d'organismes qui possèdent un noyau cellulaire entouré par une membrane délimitant un matériel génétique organisé en chromosomes. À ce jour, personne ne connaît les modalités du passage des organismes unicellulaires sans noyau vers les eucaryotes.

Quoi qu'il en soit, à partir de 1,8 milliard d'années, la cellule eucaryote va engendrer un considérable bouleversement du monde vivant qui s'enrichira successivement d'organismes unicellulaires à noyau (algues), puis d'organismes pluricellulaires (éponges). La formidable explosion de la vie marine engendrera ensuite les premiers organismes mous (vers, mollusques), puis des vertébrés considérés comme les ancêtres de nos poissons (vers 500 millions d'années). S'ensuivra bien évidemment la fabuleuse aventure de l'évolution humaine.

Tout cela ne nous écarte absolument pas de notre sujet. Un peu de patience ! Car il convient aussi de rappeler que les terres émergées ne ressemblent (à l'époque des premiers poissons) qu'à un seul et unique continent informe désigné sous le nom de Pangée. La fragmentation de la Pangée en ces deux sous-continents (au nord, la Laurasia, au sud, le Gondwana) débute il y a environ 1 milliard d'années. Une nouvelle mer, la Téthys, les sépare. Puis le Gondwana se divisera à son tour pour donner naissance à l'Australie, à l'Amérique du Sud, à l'Antarctique, à l'Inde et à l'Afrique (la séparation de l'Afrique et de l'Amérique du Sud engendrera l'océan Atlantique). De son côté, la Laurasia se disloque pour enfanter l'Amérique du Nord, l'Europe et l'Asie septentrionale. Ce mouvement des plaques tectoniques se prolongera jusqu'à il y a environ 20 millions d'années, avec des pointes actives autour de 70 et 50 millions d'années.

Toutes ces métamorphoses, difficiles à concevoir pour l'esprit humain, vont se dérouler au sein d'une prodigieuse effervescence physique, climatique (longue glaciation australe vers 300 millions d'années), chimique, biologique, géologique. Plaques continentales et océaniques se rencontrent, s'opposent, se « frictionnent ». Un ballet étourdissant qui provoque des séismes, mais aussi des éruptions volcaniques terrestres et de formidables gisements marins de magma en fusion (qui génèrent arêtes océaniques et fosses abyssales).

L'extravagant bouillon de culture que fut l'océan primitif a donc connu d'étourdissantes mutations dont témoignent les actuels fonds abyssaux (voir *Existe-t-il une différence entre la mer et l'océan ?*). Certes, la sédimentation varie selon la profondeur et la chaleur de l'eau des multiples mers et océans du globe. Mais, schématiquement, on trouve sur le fond de ces plaines abyssales des débris calcaires et siliceux, des coquilles, des squelettes, et aussi des organismes (minéraux et végétaux) provenant de l'érosion des continents. L'eau de pluie se charge de délaver les roches, elle ruisselle, s'écoule, s'infiltre... et se charge de nombreux éléments organiques qui, charriés par les fleuves, rejoignent finalement les océans.

En fait, le salage de l'eau de mer résulte de deux para-

162

mètres. Premier facteur : l'altération (érosion, réactions chimiques) des roches océaniques, mécanisme dû à l'exceptionnelle activité que connut l'océan unique (du temps de la Pangée) puis les divers océans qui se succédèrent. N'oublions pas que ce lent processus de « macération » a duré plusieurs centaines de millions d'années. Second élément : l'apport des eaux minéralisées provenant du continent.

L'eau de mer contient 3,5 % de composés chimiques dissous que l'on peut globalement appeler sels minéraux. Il y a là du bicarbonate, du potassium, du calcium, du magnésium, du sulfate et du chlorure de sodium (notre sel de cuisine). La teneur en sels augmente dans les eaux chaudes (grande vitesse d'évaporation). Elle diminue dans les zones à fort apport d'eau fluviale. En moyenne, il y a 27,22 g de chlorure de sodium par litre d'eau de mer (et, au total, 35 g de sels minéraux).

Pour leur part, les lacs ne sont généralement pas salés (sauf exception). En effet, leur eau provient essentiellement des rivières (affluents) et de la pluie. Et elle s'évacue le plus souvent par un autre cours (effluent). De surcroît, à l'échelle géologique (voir plus haut), un lac a une durée de vie très courte (pas plus de cent millénaires). Seul cas particulier, celui du lac Baïkal (Sibérie), le plus profond du monde avec 1 620 m, constitué il y a 25 millions d'années à la suite d'un mouvement tectonique. Certes, il y a aussi des cas un peu ambigus comme ceux de la mer Caspienne ou de la mer Morte.

Les lacs dont l'eau ne s'écoule pas par un effluent sont donc généralement salés. Très peu lorsque l'apport en eau douce vient compenser l'évaporation naturelle. À l'inverse, leur degré de salinité augmente dans les régions chaudes et arides, au point qu'un lac peut finir par s'assécher. Deux cas célèbres illustrent le propos : le Grand Lac Salé de l'Utah (États-Unis) et la mer Morte (Israël et Jordanie). L'un et l'autre affichent un taux de salinité d'environ 30 %.

Vestige du lac glaciaire de Bonneville apparu il y a seulement une vingtaine de milliers d'années, le Grand Lac Salé ne représente plus que 5 % de sa surface d'origine. Quant à la mer Morte, elle date d'un peu moins de 30 millions d'années (à l'époque où la Méditerranée recouvrait encore la région, d'où sa parenté marine plus que lacustre). Tout comme la mer Morte, le Grand Lac Salé n'a aucun débouché. Mais des rivières l'alimentent en minéraux provenant des roches environnantes. Certaines variétés d'algues et de bactéries s'adaptent à ce milieu stagnant excessivement salé.

Un dernier chiffre. Le chlorure de sodium dissous dans la totalité des eaux de la planète (mers, océans et lacs salés) couvrirait la totalité des continents d'une couche de près de 160 m d'épaisseur !

Peut-on casser un verre avec la voix ?

Le son est une vibration qui se traduit par de minuscules variations de la pression de l'air. Il s'agit d'un phénomène ondulatoire (très précisément d'une onde mécanique élastique) qui se propage en perturbant le milieu ambiant qui subit alors des compressions et des extensions et modifie densité, position et vitesse longitudinale des particules. Ce transfert d'énergie mécanique s'opère par interaction entre les particules.

Le son se caractérise notamment par sa fréquence (de 16 Hz à 20 kHz pour le domaine audible) et par son intensité (exprimée en décibels). Les cordes vocales ou le mécanisme d'un haut-parleur produisent des vibrations sonores dont les associations donnent naissance à des compositions musicales que l'oreille de chacun (suivant ses goûts et sa sensibilité) va plus ou moins apprécier.

Ainsi des sons aigus ou graves, puissants ou inaudibles font-ils vibrer le milieu ambiant. Mais les ondes se cognent également aux divers objets qui nous entourent, certains absorbant plus que d'autres les vibrations. Tel ou tel matériau va donc donner l'impression qu'il étouffe un son, tandis que son voisin va le renvoyer. Schématiquement, disons que ce phénomène dépend de la propagation possible de la vibration à l'intérieur de l'objet.

Dans le même ordre d'idée, le fait de taper (délicatement) sur le rebord d'un verre de cristal (d'une pichenette, ou, par exemple, à l'aide d'une baguette de bois) va générer un son qui possède des caractéristiques très précises. Et ce choc déclenche aussi une vibration dans la structure du verre. Si une voix peut très précisément reconstituer les caractéristiques de l'onde émise par la pichenette, elle peut – en théorie – faire vibrer le verre.

Mais pour qu'un individu parvienne à casser un verre à distance, encore lui faut-il posséder ; d'une part, une oreille suffisamment exercée pour capter la subtilité des propriétés du son à reproduire ; d'autre part, de réelles qualités vocales pour restituer la vibration, pour « chanter » la note. De surcroît, briser le verre exige une puissance vocale exceptionnelle. Enfin, le phénomène ondulatoire doit se prolonger assez longtemps, afin que la structure du cristal s'agite suffisamment. Objectif : atteindre le seuil de rupture du matériau.

Autant dire que la réunion de tous ces paramètres laisse assez peu de chances à quiconque de casser un verre – fût-il en cristal – avec sa seule voix naturelle, c'est-à-dire, sans micro ni haut-parleur Autrement dit, sans le moindre recours à l'amplification électronique de la spécificité du son émis.

D'aucuns prétendent que le ténor italien Enrico Caruso (1873-1921), l'un des plus prodigieux interprètes de toute l'histoire lyrique (et l'un des premiers à enregistrer des disques), pouvait casser un verre de cristal de sa seule voix naturelle. En réalité, personne ne l'a jamais vu réaliser une telle prouesse. Et sa femme a même officiellement démenti cette rumeur.

Qu'est-ce qui différencie le cyclone de la tornade ?

Tout d'abord, il convient de bien comprendre le phénomène qui provoque ce courant d'air que l'on appelle le vent. La cause principale tient aux différences de températures qui règnent dans les couches qui enveloppent la planète. Ainsi une masse d'air chauffée par l'ensoleillement diminue-t-elle de densité. Elle va s'élever, créant alors une zone de basse pression (dépression).

Mais comme chacun sait, la nature a horreur du vide ! Une masse d'air frais adjacente va donc s'empresser de « combler » la zone en donnant naissance à un flux horizontal : le vent. En fait, la pression atmosphérique de la masse froide est beaucoup plus élevée. Aussi va-t-elle pousser l'air vers la zone dépressionnaire. Quant à la masse d'air ascendante, elle va à son tour se refroidir à mesure qu'elle prend de l'altitude. Et elle alimentera ensuite les masses froides.

On peut donc considérer que le vent est provoqué par la circulation d'une masse d'air entre une zone de haute pression vers une zone dépressionnaire. Et, quand la différence de pression s'intensifie, le vent souffle avec d'autant plus de force (mesurée de 0 à 12 sur l'échelle de Beaufort). Cependant, la vitesse horizontale dépend également du relief rencontré. Dans la tornade ou le cyclone, le principe de mutation des masses d'air chaudes et froides va prendre une terrifiante dimension.

D'un diamètre de 300 à 900 km, se déplaçant à la vitesse d'environ 35 km/h, le cyclone prend naissance au-dessus des mers tropicales. En effet, il faut qu'une masse d'air chaud rencontre une masse d'air froid, mais il faut également que le processus s'accompagne d'une forte évaporation. Lieu idéal, les océans où la température de l'eau atteint au minimum 26 °C sur plusieurs mètres d'épaisseur. Ainsi, l'air chaud et humide s'élève jusqu'à une dizaine de kilomètres pour former un gigantesque cumulonimbus. La rotation de la Terre donnant à l'amas nuageux un mouvement giratoire, le monstrueux tourbillon engendre des vents qui peuvent alors atteindre 350 km/h.

Appelée typhon dans le Pacifique et ouragan dans les Caraïbes, cette tempête d'une extrême violence conjugue le plus souvent trois effets aux conséquences catastrophiques. Certes, le cyclone perd de son intensité lorsqu'il arrive sur le littoral (évaporation insuffisante et manque d'air chaud), mais sa puissance destructrice provoque toutefois des dégâts considérables. Le vent (324 km/h pour Gilbert, en Jamaïque, en 1988) peut raser des immeubles et déraciner des arbres. D'autre part, des pluies diluviennes se déversent avec une violence inouïe et provoquent souvent des inondations. Enfin, l'immense dépression que véhicule le cyclone crée une espèce d'aspiration du niveau de l'eau sur son passage. Résultat : une lame, véritable mur d'eau, s'abat sur la côte. De tels cyclones font des dizaines (voire des centaines) de milliers de morts dans des pays comme l'Inde ou le Bangladesh.

De son côté, la tornade prend racine sur la terre ferme. Autres distinctions au regard du cyclone : la taille et la durée de la perturbation. Une tornade ne mesure que 40 à 200 m de diamètre et elle ne dure que quelques dizaines de minutes.

Toujours selon le même principe, la tornade prend naissance lorsqu'une couche supérieure d'air froid et sec rencontre une masse chaude inférieure qui engendre une dépression en aspirant l'air chaud en altitude. Et là, à une dizaine de kilomètres au-dessus de nos têtes, le « courant-jet » (*jet stream*, des vents d'environ 400 km/h) inflige un mouvement giratoire à l'ensemble (sens des aiguilles d'une montre dans l'hémisphère Sud, sens inverse dans l'hémisphère Nord). Dans la dépression tourbillonnante qui anime la tornade, les scientifiques ont enregistré des vents dont la vitesse dépasse parfois 500 km/h. Sur leur passage, de telles tornades aspirent voitures ou trains comme de vulgaires fétus de paille ! Quant à la surpression qui subsiste à l'intérieur des maisons, elle les fait littéralement exploser.

L'aspect maritime de la tornade prend le nom de trombe. Mais le moindre écart thermique débouche généralement sur un phénomène moins spectaculaire, bien qu'il soit éventuellement dangereux pour les embarcations. La trombe apparaît le plus souvent en été sur des mers chaudes et peu profondes : l'eau est aspirée sous la forme d'une colonne tournoyante (le vent ne dépasse jamais les 90 km/h). Les tornades, brèves et soudaines, touchent surtout l'Australie et les États-Unis, dans les endroits qui réunissent les conditions atmosphériques favorables à l'apparition de tels phénomènes. Et notamment au printemps, dans les régions où viennent mourir les cyclones tropicaux.

Un dernier mot : ne riez plus si l'on vous parle de pluies de grenouilles ! Une violente tornade peut envoyer dans les airs chevaux, humains et troncs d'arbres. Aussi assiste-t-on depuis l'Antiquité à des pluies d'animaux les plus divers : grenouilles, chauves-souris, serpents, escargots, insectes... voire poissons, dans le cas d'une violente trombe. Rien d'étonnant ! L'extraordinaire puissance d'aspiration très localisée du phénomène peut soulever une colonie animale concentrée sur un point donné... et la transporter (en piteux état !) un peu plus loin. On dit même qu'une telle mésaventure serait arrivée à des enfants chinois en 1986.

Pourquoi les feuilles des arbres changent-elles de couleur à l'automne avant de tomber ?

Les feuilles des arbres ont une couleur verte qui provient de la chlorophylle. Matière colorante des plantes

169

(proche de l'hémoglobine mais contenant du magnésium à la place du fer), la chlorophylle joue un rôle essentiel dans la photosynthèse. Elle absorbe en effet la lumière du soleil et utilise cette source d'énergie pour « fabriquer » la nourriture de la plante (la chlorophylle fixe la production de glucides obtenue à partir de l'eau et du gaz carbonique de l'air).

À l'automne, les arbres se préparent pour affronter l'hiver. Les éléments nutritifs se replient progressivement vers les branches, puis vers le tronc, pour finalement se stocker dans les racines. Comme beaucoup d'autres organismes du règne végétal ou animal, l'arbre s'arrange pour constituer des réserves en prévision des dures gelées à venir.

Lorsque ce processus se met en marche, les pigments de chlorophylle se désintègrent. Ils laissent la place à d'autres cellules qui peuvent ainsi sortir de leur cachette. Apparaissent alors des pigments jaunâtres et orangés. Les feuilles vont se colorer de diverses couleurs qui se déclinent dans toutes les nuances possibles et imaginables de jaune, orange foncé, marron, voire pourpre ou rouge. Une douce symphonie de teintes ambrées qui rend nos forêts d'octobre chaleureuses et accueillantes. La gamme de coloris reflète avant tout la variété des essences du lieu, mais elle dépend également des conditions climatiques du moment. Ainsi un automne froid et sec favorise-t-il généralement l'éclat de couleurs franches et brillantes. À l'inverse, pendant une saison sombre et humide, les feuilles tournent assez facilement vers des teintes plus ternes, brouillées ou terreuses.

Lorsque l'hiver approche, les feuilles commencent à dépérir, à s'assécher, à flétrir et, progressivement, à affaiblir leurs attaches. Au pied de chaque tige, les cellules meurent. Et le point d'ancrage avec la branche se réduit au strict minimum. Seules subsistent quelques fragiles nervures fatiguées qui transportaient il y a peu la nourriture. Dès lors, il suffit d'un souffle de vent ou d'une averse pour que les feuilles se détachent, tombent et recouvrent le sol d'un tapis brunâtre.

Pourquoi la mer est-elle bleue ?

Fondamentalement, l'eau de la mer et des océans n'est ni grise, ni verte, ni bleue. En réalité, la mer a le plus souvent la couleur du ciel environnant qui se reflète à sa surface. Les choses se compliquent lorsque l'on observe sous la surface de l'eau. Là, la couleur bleue provient des rayons de la lumière du soleil qui se « décomposent » en pénétrant dans l'eau, selon un mécanisme comparable à celui qui se produit pour la couleur du ciel (voir *Pourquoi le ciel est-il bleu ?*).

Toutefois, l'extrême richesse des fonds marins (notamment les particules microscopiques en suspension) peut donner à l'océan une « coloration » très spécifique selon les latitudes et l'incidence des rayons de lumière. L'abondance de tel ou tel organisme peut ainsi colorer l'eau en vert (par exemple dans les eaux tropicales). De même, en d'autres endroits, des dépôts vaseux vont produire une curieuse couleur brune sur des mers du littoral. Sans oublier, ici ou là, que quantité d'algues aux couleurs les plus variées viennent également teinter l'eau de l'océan.

Combien pèse un nuage ?

Il suffit de lever les yeux vers le ciel pour contempler l'exceptionnelle diversité de la masse nuageuse dont les différents éléments possèdent de multiples caractéristiques (très spécifiques) et des formes variées.

Composé de gouttelettes ou de cristaux de glace excessivement petits et légers (au point que l'ensemble reste en suspension dans l'air), le nuage se forme par la condensation (ou la congélation) de vapeur d'eau. Des courants d'air chaud s'élèvent (voir *Quelle est la différence entre un cyclone et une tornade ?*), en montant l'air refroidit jusqu'à la condensation et le nuage se forme. Et tant que la masse d'air ascendante fournit de la vapeur d'eau, le nuage poursuit sa croissance.

Mais d'autres paramètres interviennent. Ainsi, en fonction de l'altitude et de la vitesse qu'atteignent les masses d'air montantes, le nuage prendra une forme et une structure particulières. Par exemple, l'air chaud qui peine à prendre de la hauteur va plutôt s'étaler en large couche (épaisse et grisâtre) stagnant à une altitude inférieure à 3 km. Nous sommes ici, dans l'étage inférieur, en présence des nimbo-stratus, strato-cumulus et stratus.

Les altocumulus (en forme de bancs, lamelles, galets ou rouleaux blanc et gris) et les altostratus (couche d'un gris sombre) occupent l'étage moyen (entre 2 et 6 km d'altitude). Quant aux cirrus (filaments fibreux de glace), cirrocumulus (couche mince granuleuse ou ridée) et cirrostratus (large voile blanchâtre), ils se développent à

172

l'étage supérieur (de 6 à 10 km d'altitude). Restent les cumulus (denses et bien délimités) et les cumulo-nimbus qui peuvent s'étendre verticalement sur plusieurs étages. Ainsi l'impressionnant cumulo-nimbus peut-il gonfler à la verticale au-delà de 13 km. Dense, puissant, en forme de montagne ou de chou-fleur, ce nuage monstrueux possède souvent à son sommet une partie fibreuse aplatie qui fait penser à une enclume.

Face à une telle richesse dans la diversité des formes et structures de ces masses de vapeur d'eau condensée, il est bien sûr impossible de donner le poids moyen d'un nuage. Car, à l'évidence, il n'y a rien de comparable entre les minces filaments fibreux d'un cirrus et l'épaisse masse du cumulo-nimbus dont le diamètre peut atteindre 25 km.

Toutefois, un calcul simple permet quelques évaluations. Un cumulo-nimbus « moyen » de 1 000 km^3 avec une densité d'eau de 0,8 g/m^3 cube pèse 800 000 tonnes. Un cirrus de 1 km^3 avec une densité de gouttelettes de 0,15 g/m^3 ne pèse plus « que » 150 tonnes.

Fort heureusement, une telle masse ne s'abat pas d'un seul coup sur nos têtes ! En fait, les gouttelettes restent en suspension tant que leur poids permet à l'air de les soutenir. Mais l'intense activité qui existe à l'intérieur du nuage (courants et tourbillons) et son déplacement horizontal à plus ou moins grande vitesse vont soumettre les diverses particules à des mutations permanentes. Elles s'élèvent, grossissent en fusionnant, s'agglomèrent jusqu'à devenir trop lourdes, donc elles tombent, éclatent et se précipitent vers le sol sous la forme de pluie.

Mais si l'air en altitude atteint de très basses températures, l'eau gèle et forme des cristaux de glace dont le poids va les faire redescendre dans le nuage. Les cristaux vont s'agglomérer puis former des flocons qui continueront leur chute en se réchauffant progressivement pour donner soit de la neige, soit une pluie froide.

En tombant à l'intérieur d'un nuage d'orage, il peut encore arriver que les billes de glace effectuent une curieuse valse. Elles fondent, s'agrègent aux gouttelettes d'eau (qui se congèlent immédiatement à leur contact) puis remontent sous l'effet de courants ascendants. Cette même boule peut ainsi se promener plusieurs fois et gagner à chaque va-et-vient une couche supplémentaire de gel. Jusqu'au moment fatidique où les grêlons prennent du poids et du volume avant d'être violemment propulsés sur le sol à grande vitesse (souvent supérieure à 80 km/h). Les météorologues éprouvent toujours beaucoup de difficultés à prévoir l'arrivée des violentes averses de grêle qui provoquent parfois de graves dégâts dans les cultures. Quant à la mousson d'été, dans le sud de l'Asie, elle enfante d'impressionnantes pluie torrentielles qui entraînent régulièrement des inondations catastrophiques.

D'où vient la couleur des flammes dans un feu de bois ?

La nature même du combustible joue un rôle fondamental dans l'aspect d'une flamme. Brûler des branchages à peine secs, des pneus en caoutchouc, du gaz, de l'alcool ou du bois dans une cheminée ne va évidemment pas produire des flammes de couleurs identiques.

Pour bien comprendre le processus, prenons l'exemple d'une simple bougie.

À mesure que la mèche se consume et que la cire fond, la flamme projette de minuscules particules de carbone. En brûlant elles émettent une teinte à dominante jaune. Toutefois, si l'on observe avec attention la combustion, on constate que la flamme ne possède pas une teinte unique : la partie haute brille et scintille vivement en absorbant goulûment l'oxygène de l'air ambiant, tandis que la seconde moitié s'assombrit. Quant à la mèche, au cœur même du foyer, elle distille un halo bleu qui correspond au point de température le plus élevé.

À elle seule, une bougie, feu réduit à sa plus modeste expression, dégage donc une nuance de couleurs subtiles. Que dire d'un feu de camp (en plein air) ou d'une flambée dans la cheminée ? Là, on touche carrément à la magie d'un spectacle pyrotechnique !

Bien sûr, la gamme des couleurs visibles dépendra de la vivacité du feu (notamment due à l'apport d'oxygène). Mais la variété du bois consumé, c'est-à-dire sa composition, va largement contribuer à étalonner la palette. Ainsi, il y a toujours le carbone qui émet une couleur jaune (teinte qui va s'approcher de l'orange dès que la température baisse). Quant aux minéraux et métaux qui se trouvent dans (ou sur) la bûche – voire dans le foyer de combustion –, ils produisent chacun une couleur bien précise. Par exemple, le sodium donne un jaune clair, le calcium un rouge profond très lumineux et le phosphore une lueur verdâtre.

Pourquoi les droitiers sont-ils plus nombreux que les gauchers ?

La science en général – et la médecine en particulier – ne sait pas tout expliquer. Par exemple, l'existence même des gauchers reste une véritable énigme. Pourtant des chercheurs continuent d'avancer sur le chemin d'une explication rationnelle, mais ils ne proposent pour l'instant que des hypothèses.

Dans toutes les ethnies de la planète et quelles qu'en soient les traditions, il y a sensiblement le même pourcentage de gauchers. Car les aspects culturels n'interviennent en aucune façon sur le fait d'utiliser spontanément sa main droite plutôt que la gauche.

Globalement, 85 à 90 % des habitants de la planète se servent donc leur main droite pour écrire (y compris dans les pays où l'écriture se fait de droite à gauche), pour attraper un objet ou pour effectuer une tâche manuelle précise. Jusqu'ici, rien d'exceptionnel ! En effet, l'hémisphère gauche du cerveau – celui qui contrôle les fonctions motrices du côté droit – se développe plus rapidement que le droit pendant l'embryogenèse (l'évolution de l'embryon). Et, par la suite, il produit une activité neuronale plus intense. Ce qui conduit tout logiquement une très large majorité d'humains à se servir de leur main droite.

Alors, pourquoi 10 à 15 % des individus se comportent-ils différemment ? La question mobilise toujours la communauté scientifique. Certains ont avancé des hypothèses qui n'ont jamais été démontrées. Par exemple, l'existence d'un gène du gaucher ou, à l'inverse, celle d'un gène appelé « *right shift* » qui ferait passer la latéralité à droite. Aujourd'hui, pour expliquer l'existence des gauchers, des études récentes préfèrent mettre en évidence l'effet de la testostérone.

En principe, on a vu que l'hémisphère gauche se développe plus vite. Mais une surabondance de testostérone fœtale (notamment un stress à la naissance) peut en ralentir la croissance. Ce qui favoriserait une participation plus active de l'hémisphère droit pour finalement « fabriquer » un gaucher. Cette hypothèse hormonale entraînerait donc une contribution plus importante de l'hémisphère cérébral droit. Celui qui gère les fonctions visuelles, sonores et spatiales, mais aussi celui dont la logique repose davantage sur l'émotion et la créativité. Dans ces conditions, il ne faut pas s'étonner de rencontrer un pourcentage élevé de gauchers chez les artistes et les musiciens.

Reste que les gauchers conservent jalousement un autre mystère. On s'aperçoit en effet que le cerveau des droitiers est « standardisé ». Par exemple, chez eux, le centre du langage se situe toujours dans l'hémisphère gauche. En revanche, chez les gauchers, l'aire du langage est indifféremment à droite, à gauche, voire dans les deux hémisphères. Ainsi, pour 70 % des gauchers, le centre de la parole se trouve-t-il à gauche... comme pour les droitiers. Seuls 15 % des gauchers disposent de fonctions du langage dans l'hémisphère droit. En comparaison, plus de 99 % des droitiers ont le centre de la parole logiquement niché dans l'hémisphère gauche.

Une remarque amusante : la plupart des droitiers éprouvent une difficulté certaine à se servir habilement de leur main droite en menant une conversation. Facile à vérifier. Essayez de faire tenir une règle en équilibre vertical sur la main droite, puis sur la gauche. Recommencez l'exercice en parlant. Résultat : plus de 99 % des droitiers seront gênés pour placer la règle en équilibre sur leur main droite tout en parlant. En revanche, le langage ne perturbe pas l'action de leur main gauche. Logique. L'aire du langage et celle qui commande les fonctions motrices de la main droite sont logées dans le même hémisphère (le gauche). Celui-ci doit donc développer une activité plus importante, d'où le trouble constaté dans l'exercice d'équilibre.

Chez les gauchers, leur habileté à faire tenir la règle sur l'une ou l'autre main – tout en parlant – dépend de la localisation de leur centre du langage. Et, lorsqu'ils parlent, les 15 % de gauchers « bilatéralisés » (aire de langage dans les deux hémisphères) mettront le même laps de temps à équilibrer la règle sur l'une ou l'autre main.

Nous l'avons vu, les statistiques concernant le pourcentage de gauchers s'appliquent à tous les pays et à toutes les cultures, dans les moindres recoins du globe. Encore que l'univers des Simpson semble échapper à la règle ! En effet, largement plus de 15 % des personnages de cet amusant dessin animé télévisé qui fait le tour du monde utilisent en priorité leur main gauche. Pourquoi me direz-vous ? Par solidarité, tout simplement. Matt Groening, le talentueux dessinateur de la série, est lui-même... gaucher. À n'en pas douter, avec l'humour qui le caractérise, Matt rejoindrait volontiers ceux qui militent pour la commercialisation de tasses à café pour gauchers. Après tout, il y a là un marché colossal : environ 900 millions d'acheteurs potentiels (15 % de la population mondiale) !

Espace

Qu'est-ce qu'un arc-en-ciel ?

La compréhension de la « nature » et de la structure lumineuse a donné lieu à des travaux forts complexes dont les conclusions ne remontent souvent qu'à la fin du XIXe siècle. Ainsi, dans la théorie électromagnétique du physicien britannique James Maxwell (1831-1879), la lumière apparaît-elle comme un phénomène ondulatoire qui se propage à la vitesse de 300 000 km/s.

Mais, grâce aux recherches du physicien allemand Max Planck (1858-1947), on admet en 1900 que la lumière est transportée par « paquets » (ou quanta). En 1905, Albert Einstein (1879-1955) affine la théorie en présentant la lumière comme un jet de particules que l'on appellera photons en 1926. Travaux qui seront appliqués dès 1913 à la physique de l'atome par le Danois Niels Bohr (1883-1962) et qui donneront naissance à la mécanique quantique.

Vue sous l'angle de cette théorie, la lumière apparaît cette fois comme un flux discontinu de photons. Il s'agit là de particules qui ont la caractéristique d'afficher une masse nulle au repos. Associés aux ondes électromagnétiques, les photons développent cependant une énergie directement liée à la fréquence de l'onde. Globalement, la lumière correspond à une libération de photons (paquets ou quanta d'énergie) émis par les électrons d'atomes qui ont subi une excitation – la nature de l'excitation atomique pouvant aussi fournir des phénomènes distincts comme la luminescence ou l'incandescence. Si la théorie quantique a permis de comprendre bien des observations concernant l'émission lumineuse, elle a également contribué à expliquer le processus d'absorption de la lumière par la matière (on l'évoquera plus loin).

Mais venons-en aux couleurs observées dans un arc-en-ciel. Elles proviennent de la lumière du Soleil, dite lumière composée. À l'inverse, une lumière monochromatique traduit une couleur pure (dans ce cas, les rayons du faisceau ont une seule et même longueur d'onde).

Le Soleil nous envoie une lumière formée par la combinaison de rayonnements dont les longueurs d'onde vont de 400 à 780 nm environ (un nanomètre représente la millième partie du micron qui mesure lui-même un millionième de mètre). En interposant un prisme sur le trajet de la lumière solaire, chacun sait qu'elle se décompose en sept faisceaux de couleurs différentes. La dispersion de la « lumière blanche » a été mise en évidence vers 1670 par le génial mathématicien anglais Isaac Newton (1642-1727). Inversement, on aura bien sûr compris que la lumière blanche correspond à la superposition des différentes couleurs (longueurs d'onde) du spectre visible, à savoir : violet, indigo, bleu, vert, jaune, orange et rouge. En allant de la plus faible (400 nm) à la plus grande longueur d'onde (700 nm).

Et voilà donc pourquoi chacun peut observer de splendides arcs-en-ciel. À condition de tourner le dos au soleil et de regarder dans la direction de gouttelettes d'eau (soit parce qu'il pleut, soit parce qu'une averse se termine) éclairées par le faisceau de lumière blanche. Pour bien comprendre, il convient ici d'introduire la notion de réfraction qui définit la déviation d'un rayon de lumière lorsqu'il franchit la surface séparant deux milieux transparents distincts. L'angle de déviation dépend de l'angle d'incidence du rayon, du milieu dans lequel se propage la lumière et de la fréquence de l'onde (ce qui provoque la dispersion).

Mais simplifions ! Lorsque les faisceaux du Soleil pénètrent dans une sorte de mur d'eau, les gouttes jouent le rôle du prisme évoqué plus haut, et du miroir. Réfractée, décomposée et réfléchie, la lumière blanche du Soleil, qui provient de derrière l'observateur, lui est renvoyée sous la forme du spectre des couleurs visibles. Autrement dit : l'observateur voit un arc-en-ciel. Avec le rouge sur la plus haute bande. Suivent dans l'ordre : orange, jaune, vert, bleu, indigo et violet. Avec un sens aigu de l'observation (et avec un peu de chance) on voit parfois un second arc-en-ciel, plus grand, plus large et plus pâle. Ses couleurs sont cette fois inversées : violet dans la bande supérieure, rouge en bas. Il résulte de la double réflexion du rayon lumineux dans chaque goutte d'eau.

Soulignons que les scientifiques étendent le domaine de la lumière à des champs invisibles du spectre : l'infrarouge et l'ultraviolet. Les rayonnements infrarouges (avant le rouge) possèdent de grandes longueurs d'onde, produisent de la chaleur et sont facilement absorbés par les molécules d'eau. Quant aux ultraviolets (au-delà du violet, très courtes longueurs d'onde), on les utilise pour les radiographies (rayons X) ou en physique nucléaire (rayons gamma). Attention : une exposition prolongée aux ultraviolets (ceux qui font bronzer) peut provoquer des dégâts irréversibles sur les cellules.

Un dernier mot sur l'interaction entre lumière et matière, relation qui détermine le niveau d'absorption des photons par un « récepteur » donné. Ainsi un objet blanc diffuse-t-il tous les rayonnements qu'il reçoit, tandis qu'une matière noire éclairée par un faisceau solaire absorbe l'intégralité des longueurs d'onde perçues. Toujours selon le même principe, un objet de couleur verte absorbe toutes les longueurs d'onde des six autres couleurs du spectre visible. Ce qui peut se résumer par le fait que la couleur n'appartient pas à la matière, mais bel et bien à la lumière émise, transmise, reçue, réfléchie et diffusée.

Amusant arc-en-ciel qui est propre à chaque observateur puisque la réception des couleurs diffère à quelques mètres d'intervalle. En un instant donné, personne ne voit rigoureusement le même arc coloré. De surcroît, le lieu et le moment de l'apparition renforcent le côté changeant du phénomène. Par exemple, de grosses gouttes d'eau produisent des couleurs nettement plus franches et brillantes, tandis qu'une bruine donne plutôt naissance à un arc pâlot.

Comme tant d'autres soubresauts de la nature alors inexplicables, les aspects changeants de ce mystérieux « objet » spatial ont forcément dérouté l'homme de la préhistoire. Pour preuve la place que tint un peu plus tard l'arc-en-ciel dans la tradition populaire et superstitieuse. En effet, il exprime la symbolique quasiment universelle du pont qui relie ciel et terre, visible et invisible, réalité et mystère. L'arc-en-ciel permettrait donc de passer du monde profane au domaine sacré des dieux. À moins qu'il ne conduise tout simplement de la vie vers la mort.

Dans la Bible (Genèse 9, 12-17) après le déluge, l'arc-en-ciel symbolise l'alliance retrouvée entre Dieu et les hommes : le monde du péché a été détruit par les eaux et une nouvelle ère s'avance. Notion qui existe également dans la mythologie grecque avec Iris. La messagère et servante d'Héra symbolise là encore l'arc-en-ciel considéré comme le pont entre les dieux et les hommes. Aussi l'appelait-on « écharpe d'Iris ». Plus tard, dans la tradition russe, il prit le nom d'« écharpe de la Vierge ».

Cette idée de lien (ou, de manière plus subtile, de conciliation) entre l'existence matérielle et l'exploration d'un au-delà spirituel se retrouve dans la tradition chinoise aussi bien que dans les croyances africaines. Chez les Tibétains, l'arc-en-ciel joue le rôle d'escalier aux sept couleurs emprunté par Bouddha.

Quant aux superstitions, elles ont longtemps véhiculé des croyances absurdes ou poétiques. Par exemple, l'arc-en-ciel pompait l'eau de la terre (donc protégeait des inondations) et, en Grande-Bretagne, il permettait aux nuages de se désaltérer dans les rivières !

Comment s'est formé le Soleil ?

Les scientifiques ne savent encore que très peu de choses à propos du Soleil, cette masse lumineuse qui subjugua maintes civilisations. Aujourd'hui, elle continue d'attiser la curiosité des astrophysiciens, notamment depuis le milieu du XIXe siècle qui marque les débuts d'une étude réelle de l'état physique et de la composition chimique de l'étonnante boule de feu.

Œil de Dieu ou fils de la divinité suprême (tel Apollon dans la mythologie grecque), frère de l'arc-en-ciel, mais aussi source de chaleur et de lumière, le Soleil porte en lui le symbole universel de la vie. Astre actif, il exprime le pouvoir, la puissance, l'autorité et fut souvent l'emblème de la royauté.

Composante dominante du système solaire, ce gigantesque disque lumineux (le plus brillant pour un observateur terrestre) ressemble aux dizaines de milliards d'étoiles qui peuplent notre galaxie. Mais, vu de la planète bleue, le Soleil a gagné ses galons de véritable star ! D'abord parce qu'il a permis à la vie de se développer ; ensuite, parce qu'il s'agit de l'étoile la plus proche de la Terre. Il ne faut parcourir « que » 150 millions de kilomètres pour l'atteindre, une broutille au regard des distances stellaires exprimées en milliers d'années-lumière (une année-lumière équivaut à 10 000 milliards de kilomètres).

Comme tous les corps célestes qui gravitent autour de lui, le Soleil provient d'un même nuage de gaz et de poussières. En tournant, le nuage a enfanté une masse de plasma primitive cernée par un disque de matières résiduelles. De la ceinture ont germé les quatre planètes terrestres (ou internes) : Mercure, Vénus, Terre, Mars. Plus loin, aux basses températures, gaz, glaces et poussières ont donné naissance aux planètes externes : Jupiter, Saturne, Uranus, Neptune, Pluton.

Masse de plasma stellaire de forme sphérique (légèrement aplatie), le Soleil a vu le jour – si l'on peut oser l'expression, puisqu'en fait il l'a créé ! – voici environ 5 milliards d'années (plus jeune, la Terre n'accuse que 4,6 milliards d'années). Et la monstrueuse boule de gaz incandescents tournant à très haute vitesse occupe 99 % de la masse du système solaire. Ainsi s'impose-t-il comme l'astre le plus lourd, mais aussi le plus grand : son diamètre mesure 1,4 million de kilomètres (109 fois celui de la Terre, 11 fois celui de Jupiter, la plus grosse planète du système solaire). Par ailleurs, sachant que la Terre affiche une masse de 6 000 milliards de milliards de tonnes, il faut multiplier par près de 334 000 pour obtenir la masse du Soleil !

Toutefois, grâce aux observations de plus en plus précises qu'offrent les spectroscopes et autres télescopes hautement perfectionnés, les astrophysiciens affirment que le Soleil n'a rien d'exceptionnel. Malgré sa taille, sa masse et sa quinzaine de millions de degrés au cœur du noyau, l'étoile fait parfois pâle figure. Dans l'univers, certaines de ses grandes sœurs possèdent un diamètre mille fois supérieur et une masse cent fois plus imposante.

Les plus récentes analyses du rayonnement électromagnétique du Soleil indiquent qu'il contient 92,1 % d'hydrogène et autour de 7,8 % d'hélium, plus 65 autres éléments, notamment dispersés dans son atmosphère. Et en plongeant dans la structure de ce bouillonnant magma, on découvre une organisation fascinante.

Au cœur de l'étoile vit le noyau de plasma (densité égale à 160 fois celle de l'eau), lieu d'intenses réactions thermonucléaires. Source même de l'énergie solaire, elles libèrent un rayonnement primaire de photons et une température d'environ 15 millions de degrés.

Vient ensuite une région où a lieu le transfert d'énergie vers les couches externes. Dans le premier tiers, les réactions nucléaires dégagent une énergie prodigieuse. Vers la moitié du rayon solaire, la température n'atteint plus que 1 million de degrés. C'est là que se produit un immense brassage de matière (sous la forme de va-et-vient de masses montantes et descendantes) qui permet d'évacuer la chaleur vers l'extérieur.

Puis nous entrons dans l'atmosphère solaire, à savoir, sa partie visible, composée de plusieurs couches. Il y a tout d'abord une couche d'environ 300 km d'épaisseur : la photosphère. Dans cette région (la plus « froide »), de gigantesques oscillations régulières (comme des vagues) de masses gazeuses ont d'incontestables conséquences sur la rotation, sur le magnétisme et sur la structure des couches externes. Ces turbulences expliqueraient que la masse solaire tourne en 25 jours à l'équateur et en plus d'un mois vers 60° de latitude.

La deuxième couche est la chromosphère avec son rayonnement caractéristique en forme de raies. La température descend à 4 200 °C, pour remonter curieusement sur la surface extérieure. On observe d'ailleurs à la périphérie de la chromosphère de minces projections de gaz qui durent une dizaine de minutes. Ces millions de jets appelés spicules (1 km de diamètre et 12 000 °C de température) expulsent de la matière au-delà de 8 000 km.

On termine avec la couronne, au contour flou, variable et à la faible densité. Un million de fois moins brillante que le disque, elle s'étend sur une distance de plusieurs rayons solaires. Par endroits, sa température atteint le million de degrés.

Là encore, l'endroit ne manque pas d'animation ! Par exemple, les chercheurs ont découvert, dans les régions polaires de la couronne, d'obscures cavités de dimensions variables. Dans ces trous coronaux (identifiés en 1969), la densité du plasma s'affaiblit et des lignes de champ magnétique s'ouvrent vers l'extérieur. Conséquence : la couronne laisse échapper des particules qui « s'écoulent » par les trous en question sous forme de vent solaire (découvert en 1962). Le flux corpusculaire (composé d'électrons, neutrons et noyaux d'hélium, auxquels se mêlent des particules provenant d'éruptions) s'étend sur de très vastes distances. Au voisinage de l'orbite terrestre, le vent solaire atteint des vitesses d'environ 450 km/s.

Satellites et outils d'observation de plus en plus perfectionnés apportent régulièrement leur lot de nouvelles connaissances. Ainsi a-t-on mis en évidence une intense activité solaire qui s'illustre essentiellement sous quatre aspects : taches, facules, protubérances et éruptions.

Associé à une baisse de la température (4 000 °C), du rayonnement et de la pression, le puissant champ magnétique des taches ne fut décelé qu'en 1908. Ces taches sombres (de 2 000 à 100 000 km de diamètre) apparaissent dans la photosphère. Elles se déforment et se déplacent très lentement. Les zones brillantes observées autour des taches furent baptisées facules. Dans la chromosphère et la couronne, des protubérances, immenses lames de plasma condensé plus froid (10 000 °C), s'échappent jusqu'à des hauteurs de 200 000 km. Quant aux éruptions solaires, elles se caractérisent par des explosions considérables qui surmontent les taches de la photosphère en dessinant une espèce d'arcade dont les violentes perturbations se perçoivent surtout dans la chromosphère et la couronne. Ces boucles s'élancent au-delà de la centaine de milliers de kilomètres au-dessus d'une tache avant de retourner vers la photosphère, généralement dans la même zone d'activité.

Au début du mois de novembre 2003, des éruptions solaires sans précédent répertorié ont surpris tous les astrophysiciens. En effet, le cycle de onze ans qui rythme l'activité de l'étoile ne laissait pas entrevoir un tel chambardement. Le violent échauffement produit par cette tempête magnétique propulse d'intenses flux de rayons X. Ici, ils ont perturbé (voire légèrement endommagé) quelques satellites. Et ils ont même provoqué un black-out radio total sur les ondes courtes. En 1989, des éruptions solaires avaient fait disjoncter des réseaux électriques au Canada.

Combien y a-t-il de planètes dans le système solaire ?

Initialement limité à sept planètes, le système solaire intègre aujourd'hui l'ensemble des corps célestes qui gravitent autour du Soleil (l'une des centaines de milliards d'étoiles que compte notre galaxie, sachant que l'univers contient lui-même des milliards de galaxies composées chacune d'une multitudes d'étoiles). Ordre de grandeur susceptible de rappeler à davantage d'humilité les infatués fanfarons qui ont la fâcheuse tendance à se prendre pour le nombril du monde !

Le système solaire se compose donc de neuf planètes, de leurs satellites (plus d'une cinquantaine) et d'environ cinq mille astéroïdes. Sans oublier les comètes, ces astres vagabonds qui gravitent aux confins du système solaire et viennent régulièrement nous rendre visite (voir *Quelle est la différence entre comète et astéroïde ?*). Voilà pour les généralités, mais on verra un peu plus loin que le nombre des planètes ne répond plus aujourd'hui à ce décompte simpliste.

Les recherches de l'astronome polonais Nicolas Copernic (1473-1543) furent à l'origine de la révolution scientifique du XVIIe siècle. L'Allemand Johannes Kepler (1571-1630) et l'Italien Galilée (1564-1642) apportèrent les preuves qui manquaient à la théorie de Copernic remettant en cause le principe de Claude Ptolémée (90-168). Ce dernier plaçait la Terre au centre de l'univers (les astres décrivant un mouvement orbital autour d'elle). Avec Copernic, puis Galilée (le premier à utiliser une lunette astronomique), on passe du géocentrisme à l'héliocentrisme. À savoir : les planètes tournent sur elles-mêmes et autour du Soleil. Longtemps combattue par l'Église et ses théologiens, cette théorie sera à l'origine de l'exceptionnel essor des recherches dans le domaine de l'astronomie planétaire. Notamment grâce aux fabuleux développements de l'observation facilitée par l'instrumentation électronique terrestre et spatiale (télescopes, satellites et sondes).

En partant du Soleil, les neuf planètes du système solaire s'appellent : Mercure, Vénus, Terre, Mars, Jupiter, Saturne, Uranus, Neptune, Pluton. Elles se répartissent en deux groupes bien distincts : d'une part, les quatre planètes rocheuses internes, dites terrestres ou telluriques (Mercure, Vénus, Terre et Mars) ; d'autre part, les planètes externes, dites géantes ou gazeuses (Jupiter, Saturne, Uranus, Neptune et Pluton).

L'ensemble des planètes (vues de leur pôle Nord) gravitent autour de l'étoile solaire dans le sens de la rotation du Soleil sur lui-même, c'est-à-dire dans le sens inverse des aiguilles d'une montre. Chaque planète progresse sur son orbite elliptique à une vitesse différente. Toutes les orbites sont d'ailleurs à peu près dans le même plan, sauf celle de Pluton inclinée à 17° par rapport à l'écliptique. Enfin, les planètes tournent sur elles-mêmes dans le sens direct, c'est-à-dire, là encore, dans le sens inverse des aiguilles d'une montre (donc dans le sens de la gravitation autour du Soleil). Il y a toutefois trois exceptions : Vénus, Uranus et Pluton ont une rotation dite rétrograde (ou inverse).

Mercure, planète la plus proche du Soleil (58 millions de kilomètres), a une masse vingt fois inférieure à celle de la Terre. Sa température en surface enregistre des écarts de près de 600 °C (de – 180 °C à + 450 °C). Mercure tourne sur elle-même en 58 jours et autour du Soleil en 88 jours. Autrement dit, la planète n'effectue que trois rotations sur son axe pendant qu'elle en fait deux autour du Soleil. Ce qui pourrait signifier – en références strictement « mercuriennes » – qu'une année (temps du voyage autour de l'orbite solaire) dure un jour et demi (rotation autour de l'axe).

Sur Vénus, située à 108 millions de kilomètres du Soleil, la température atteint 470 °C. Une épaisse couche de nuages d'une trentaine de kilomètres d'épaisseur enveloppe cette planète de taille comparable à celle de la Terre (plus de 12 000 km de diamètre). Sous les nuages, une épaisse atmosphère composée de gaz carbonique (95 %) et d'azote produit une pression de surface plus de cent fois supérieure à celle enregistrée sur notre planète.

La Terre est la plus grande des quatre planètes internes. Son atmosphère se compose de 77 % d'azote, 21 % d'oxygène, 1 % de vapeur d'eau et moins de 1 % d'argon.

À l'inverse de Vénus, Mars affiche une pression atmosphérique cent fois inférieure à celle que nous connaissons sur le plancher des vaches. Planète interne la plus éloignée du soleil (228 millions de kilomètres), Mars parcourt son orbite, en 687 jours et tourne sur son axe en 24 heures et 37 minutes. Les températures au sol de cette planète deux fois plus petite que la Terre s'échelonnent entre – 120 °C et + 25 °C.

Viennent ensuite les quatre planètes géantes gazeuses (Jupiter, Saturne, Uranus et Neptune). Quant à Pluton, elle possède des caractéristiques très spécifiques que nous analyserons plus loin.

La théorie de la création du système solaire se fonde sur le principe d'une contraction gravitationnelle de la nébuleuse primitive (composée d'un prodigieux nuage de gaz et de poussières). Dans le mécanisme engendré, les planètes internes, proches du Soleil, ont perdu la plupart de leurs éléments légers. Plus lointaines et donc plus froides, les planètes externes ont en revanche pu conserver des atmosphères épaisses et denses (notamment hydrogène et hélium). Toutes ces planètes possèdent des anneaux, mais on ne peut pas véritablement délimiter une surface solide de référence. Sous la couche gazeuse se trouvent des liquides, puis un noyau rocheux. Par exemple, celui de Jupiter est vingt fois plus lourd que l'ensemble de la Terre !

En fait, notre vision de Jupiter correspond à la surface extérieure d'un nuage d'environ 100 km d'épaisseur. Sous cette couche, l'atmosphère de la planète (un millier de kilomètres) se compose de 86 % d'hydrogène et de 14 % d'hélium, qui passent ensuite à l'état liquide avant d'atteindre le cœur solide constitué de métaux. Planète trois cents fois plus massive que la Terre (record dans le système solaire), Jupiter possède trois anneaux constitués de particules de poussières. Elle met près de 12 ans à faire le tour du Soleil. Mais une rotation sur elle-même ne prend que 10 heures.

Avec un volume sensiblement équivalent à celui de Jupiter, mais avec une masse trois fois inférieure, Saturne affiche donc une densité modeste (la plus faible de toutes les planètes du système solaire). Elle possède un spectaculaire système d'anneaux (que Galilée décrivait comme des « oreilles » dès 1610) et un faible champ magnétique. Saturne voyage sur son orbite solaire en 29 ans. Elle tourne sur son axe en un peu plus de 10 heures.

Première planète découverte grâce au télescope en 1781, Uranus se trouve à 2,8 milliards de kilomètres du Soleil (soit deux fois plus loin que Saturne). Les nuages de méthane condensé (environ – 200 °C) qui l'enveloppent donnent à la planète sa couleur bleu-vert très caractéristique. Uranus tourne sur elle-même dans le sens rétrograde (ou inverse), c'est-à-dire dans le sens des aiguilles d'une montre.

Quant à Neptune (découverte en 1846), elle se trouve à 4,4 milliards de kilomètres du Soleil. Par sa taille et sa couleur, elle ressemble un peu à Uranus. Des vents de plus de 2 000 km/h soufflent à la surface de la planète, dans le sens opposé à sa rotation.

Reste le cas de Pluton (découverte en 1930), masse sombre et gelée probablement composée de roches et de glace. Distante du Soleil de près de 6 milliards de kilomètres, Pluton reste la plus petite planète du système solaire avec un diamètre de 2 200 km (12 700 km pour la Terre et 143 000 km pour Jupiter). Mais s'agit-il à proprement parler d'une planète ? Le débat mobilise et passionne les astronomes.

En effet, aux confins du système solaire, juste au-delà des orbites de Neptune et Pluton, se trouve la ceinture de Kuiper. Une sorte de réservoir de corps célestes glacés situé à environ 7 milliards de kilomètres du Soleil. Étudiés depuis 1992, ces « objets » de tailles diverses ont également été baptisés « transneptuniens ». Bien sûr, l'éloignement interdit pour l'instant l'analyse précise de la nature de ces masses que beaucoup considèrent comme des corps célestes hybrides, à la fois comètes et astéroïdes (bien que ces derniers n'évoluent pas dans cette zone, mais plutôt entre Mars et Jupiter).

Cependant, un nombre croissant d'astronomes pensent que Pluton serait un corps céleste de la ceinture de Kuiper. Elle ne « mériterait » donc plus de figurer au rang de planète. Par ailleurs, si Pluton subit l'attraction du Soleil, elle réagit aussi à l'influence gravitationnelle de Neptune. Ce qui plaide là encore pour son « exclusion » du système solaire. Car, en principe, l'orbite d'une planète doit être gouvernée par le seul potentiel gravitationnel de son étoile. (Voir *Quelle est la différence entre une comète et un astéroïde ?*)

En 2002, les astronomes ont repéré trois autres objets évoluant dans la ceinture de Kuiper. Leur diamètre varie entre 900 et 1 250 km. Baptisés Quaoar, Ixion et Varuna, tous trois orbitent autour du Soleil. Cependant leur faible masse n'incite pas les astronomes à inclure ces nouvelles découvertes dans le système solaire. Les intégrer reviendrait à ne pas toucher au statut de Pluton. Ne pas les accepter impliquerait d'exclure définitivement Pluton. Conclusion, à ce jour, le système solaire compte : soit les neuf planètes « classiques », soit huit (sans Pluton), soit douze (les neuf connues, plus les trois nouvelles).

Quant aux satellites naturels, ils gravitent autour des planètes. Leur répartition dans le système solaire manque de régularité. En effet, sur la soixantaine de satellites connus, trois orbitent autour de planètes internes. Bien sûr, il y a la Lune, seul objet céleste à ce jour visité par l'homme. Elle tourne sur elle-même et autour de la Terre en 29 jours et demi. Conséquence de ce synchronisme banal (il existe pour la plupart des satellites) : la Lune présente toujours la même face à la Terre. Pour sa part, Mars dispose de deux minuscules satellites baptisés Deimos et Phobos.

Les astrophysiciens ont dénombré seize satellites « attachés » à Jupiter. Douze minuscules (quelques dizaines de kilomètres de diamètre) et quatre grands corps célestes baptisés satellites galiléens : Europe, Io, Callisto et Ganymède. Plus imposant que Pluton et Mercure, Ganymède est le plus grand satellite du système solaire.

Une vingtaine de satellites gravitent autour de Saturne, dont Titan (plus gros que Mercure), une boule de roches et de gaz gelés couverte d'un épais manteau d'azote. De son côté, Uranus possède une quinzaine de satellites et Neptune huit, dont l'imposant Triton (2 700 km de diamètre), le corps céleste le plus froid du système solaire (– 236 °C à la surface). Quant à Pluton, il ne dispose que d'un seul satellite baptisé Charon. Pour nombre d'astronomes, Pluton, Charon et Triton seraient originaires de la ceinture de Kuiper.

Quelle est la différence entre une comète et un astéroïde ?

Fragments rocheux ou métalliques, les astéroïdes se promènent dans le vaste espace interplanétaire situé entre Mars et Jupiter. Seuls une dizaine des cinq à six mille astéroïdes aujourd'hui répertoriés ont une forme sphérique, une orbite clairement déterminée et un diamètre de plus de 200 km.

Les autres corps de la ceinture d'astéroïdes (probablement plusieurs millions d'objets célestes) présentent des formes irrégulières parfois minuscules (leur très faible masse et l'autogravitation trop lente ne leur permet pas d'obtenir la forme d'une sphère). En revanche, Cérès, le plus gros d'entre eux (près d'un millier de kilomètres de diamètre, donc deux fois plus petit que Pluton), aurait pu être considéré comme une planète. Sauf qu'il subit l'influence gravitationnelle de Jupiter et pas uniquement celle du Soleil, notion fondamentale pour gagner ses galons de planète (voir *Comment s'est formé le système solaire ?*).

La ceinture d'astéroïdes navigue entre 300 et 600 millions de kilomètres du Soleil. Des collisions se produisent entre ces corps célestes dont certains ne possèdent pas d'orbite stable. Et les fragments des multiples chocs produisent des poussières ou de petites « pierres » que les astronomes appellent météorites et qui percutent la Terre et les autres planètes internes du système solaire. Ainsi, environ 220 000 tonnes de ces corps célestes pénètrent dans l'atmosphère terrestre chaque année. Et, dans la même période, plus de 3 000 météorites atteignent la surface de notre planète. Quant aux météores (minuscules poussières de météorites), ils deviennent incandescents lorsqu'ils s'introduisent dans l'atmosphère terrestre et ils produisent alors les fameuses pluies d'étoiles filantes.

Signalons également l'existence des astéroïdes troyens, deux groupes d'objets qui se déplacent sur la même orbite que Jupiter. L'un précède la planète géante, l'autre la suit, en deux endroits précis baptisés points de Lagrange.

Comme les astéroïdes, les comètes appartiennent à la grande famille des corps célestes qui proviennent de l'inimaginable chambardement provoqué par la formation du système solaire. Mais si les astéroïdes se baladent tout près de nous, en revanche, les comètes prennent naissance au-delà du système solaire connu.

En fait, elles émanent du nuage d'Oort (nom de l'astronome néerlandais qui élabora la théorie en 1950), une sorte de faramineux réservoir situé entre 50 000 et 100 000 unités astronomiques du Soleil. Une unité astronomique (U.A.) correspond à 150 millions de kilomètres (distance Terre-Soleil). Le nuage d'Oort se niche donc à quelque 15 000 milliards de kilomètres ! Mais il semble que nombre de comètes proviennent également de la ceinture de Kuiper située à « seulement » une cinquantaine d'unités astronomiques du Soleil (entre 5 à 6 milliards de kilomètres, c'est-à-dire aux alentours de l'orbite de Pluton).

Éjectées du nuage d'Oort, les comètes se réchauffent progressivement en pénétrant dans le système solaire. Mélange de neige sale et de poussières de plusieurs kilomètres de diamètre, la comète va se métamorphoser et perdre une grande partie de sa masse : la glace se vaporise et elle libère d'immenses quantités de matière volatile. Ce qui donne naissance à une auréole (la chevelure) et provoque aussi la création d'une ou deux queues (l'une, plus étroite et bleutée, constituée de gaz ; l'autre, plus large et jaunâtre, essentiellement formée de poussières).

La queue, orientée dans la direction opposée du Soleil, s'étire de plus en plus à mesure que la comète s'approche de la boule de feu solaire. Et la queue rétrécit et se condense dès que la comète a contourné le Soleil et qu'elle repart vers le nuage d'Oort.

En attendant son éventuelle future visite dans la banlieue des planètes telluriques, la comète reprend alors son aspect initial, celui d'un noyau de matière inerte : agglomérat poreux de cristaux de glace qui emprisonne notamment des molécules de méthane et des particules d'éléments chimiques. Reste à attendre le prochain passage de l'objet. Car si les comètes ont des orbites fermées, le rythme de leurs apparitions dans le système solaire varie de façon considérable. Aussi les classe-t-on en deux grandes catégories.

D'une part, il y a les comètes à courtes périodes, qui reviennent au moins une fois tous les 200 ans (on en compte plus de 150), d'autre part, toutes celles dites à longues périodes (plus de 650 répertoriées) qui ne daignent même pas se montrer tous les 200 ans. Il faut dire qu'elles voyagent sur d'interminables orbites elliptiques souvent très inclinées par rapport au plan de l'écliptique (surface dans laquelle gravitent les planètes du système solaire).

Par exemple, la célèbre comète de Halley revient nous visiter tous les 76 ans. Elle doit son nom au savant anglais Edmond Halley (1656-1742) qui montra le premier que les comètes décrivent des orbites susceptibles de les ramener régulièrement dans le ciel terrestre. Son dernier séjour parmi les planètes internes remonte à 1986. Pas moins de cinq sondes spatiales furent envoyées à sa rencontre afin d'analyser au mieux ses caractéristiques. Rendez-vous en 2062 !

Quand le Soleil s'arrêtera-t-il de briller ?

Pas de panique, le fusible ne devrait pas sauter dans les heures – ni les siècles – qui s'avancent. Vous avez largement le temps de terminer tranquillement la lecture de ce livre ! Car avec son statut de jeune étoile moyenne, somme toute assez banale, le Soleil affiche une espérance de vie qui se situe aux alentours des 10 milliards d'années. Sachant que sa luminosité et son diamètre n'ont guère varié depuis sa naissance (il y a environ 5 milliards d'années), l'étoile centrale du système solaire arrive aujourd'hui à maturité. Ses réserves d'énergie ne commenceront à s'épuiser que dans 5 à 6 milliards d'années. Et là, s'enclenchera le processus d'une agonie irréversible propre à chaque étoile présente dans l'univers.

Formant grosso modo 97 % des éléments détectables de l'univers, les étoiles se groupent souvent en amas stellaires. Constitué à partir du même nuage de gaz primitif et de poussières, l'amas peut alors contenir des milliers d'étoiles. Notre galaxie, la Voie lactée, contient plus de cent milliards d'étoiles, dont le Soleil.

L'étoile prend naissance dans le milieu interstellaire et, plus précisément, dans une nébuleuse, autrement dit dans un nuage de matière où cohabitent gaz et grains de poussières. À un moment donné, sous l'action d'une perturbation de nature dynamique (pression) ou chimique, le nuage tourne, s'accélère, puis tourbillonne à une vitesse exceptionnelle. La matière se concentre et le nuage se fragmente. Chaque nouvelle entité, une protoétoile (étoile en formation), poursuit son extraordinaire rotation sur elle-même. À un certain stade de densité et de température (environ un million de degrés), les réactions nucléaires s'engagent. L'hydrogène « brûle » et se transforme en hélium. Cette « combustion » produit une gigantesque quantité d'énergie qui se libère vers l'extérieur pour gagner la surface du corps céleste qui va se mettre à « briller ». Une étoile vient de naître !

L'espérance de vie d'une étoile varie avec sa masse. Ainsi, en prenant pour référence le Soleil, une étoile de masse dix fois supérieure ne brillera plus que 10 millions d'années (contre 10 milliards). Dans les faits, les astronomes ont identifié des étoiles dont la masse atteint cent masses solaires. Mais, à l'autre bout de l'échelle, il y a celles dont la masse équivaut au dixième de la masse solaire.

Figurent dans la catégorie des étoiles peu massives celles qui n'excèdent pas huit masses solaires (le Soleil en fait donc partie). Lorsqu'elles ont brûlé la plus grande partie de leur hydrogène central, l'énergie dégagée ne parvient à compenser les pertes du rayonnement. Sous l'effet du déséquilibre gravitationnel ainsi généré, le noyau se contracte, s'échauffe et amorce la fusion de l'hélium. Le rayonnement dilate l'enveloppe extérieure où des résidus d'hydrogène continuent de se consumer, libérant de la matière. La température commence à diminuer et la luminosité s'accroît. L'étoile devient une « géante rouge ».

Les experts considèrent que l'hélium en fusion mettra une bonne centaine de millions d'années (peut-être davantage) avant de se transformer en carbone. D'autres étapes de fusion nucléaire se succèdent (oxygène, silicium et fer). Jusqu'au moment où cesse toute combustion. Éjectées, les couches externes se muent en une nouvelle nébuleuse. Dès lors, ne subsiste qu'un cœur inerte, excessivement dense (plus de 100 kg/cm³ !). Les scientifiques l'appellent une « naine blanche ».

Dans le cas des étoiles massives (au-delà de huit masses solaires), le phénomène reste comparable. Sauf que l'échelle de temps se réduit à quelques dizaines de millions d'années (voire moins). De surcroît, les énergies déployées sont bien évidemment sans commune mesure avec celles observées pour leurs sœurs peu massives.

Les premières phases se déroulent de la même façon : combustion de l'hydrogène, fusion de l'hélium et création progressive d'une « super-géante rouge ». Mais ces étapes induisent cette fois des phénomènes d'instabilité considérables. Tout s'emballe : la température atteint 600 millions de degrés, la combustion du carbone s'amorce, suivie par celle de l'oxygène. Des réactions nucléaires fabriquent des noyaux lourds (néon, soufre, phosphore et fer). Au cœur de l'étoile, la densité approche le millier de tonnes par centimètre cube ! Et les atomes ne résistent pas à l'écrasement.

Noyaux broyés et détruits ne forment plus qu'un agglomérat dégénéré de neutrons, protons et électrons. En fait, l'étoile s'effondre brutalement sur elle-même pour finalement devenir une « étoile à neutrons ». Les couches externes de ce corps céleste à l'agonie se précipitent à leur tour et rebondissent sur la boule qui projette violemment la matière dans l'espace. On assiste ici à la naissance d'une supernova qui va briller pendant quelques jours.

Bien sûr, dans cette ultime phase spectaculaire, une petite étoile à neutrons (15 à 20 km de diamètre) acquiert une monstrueuse vitesse de rotation qui pourrait ainsi créer un pulsar, objet dont on capte les faisceaux (battements ou pulsations) d'ondes radio. Le premier signal

203

radio permettant d'identifier un pulsar fut enregistré en octobre 1967 par une jeune astronome britannique de l'observatoire de Cambridge, Jocelyn Bell.

Enfin, lorsque l'ensemble de ce processus se déroule avec une étoile super-massive, l'effondrement gravitationnel engendre les célèbres trous noirs. Le champ de gravité acquiert alors une intensité vertigineuse. Au point que la lumière ne parvient même plus à s'en échapper. L'objet céleste devient un « astre invisible ». En effet, pour se dégager de l'attraction d'un astre, tout corps (grain ou particule) doit atteindre une vitesse spécifique appelée « vitesse de libération », qui dépend de la masse et du rayon de l'astre considéré (11,2 km/s pour la Terre). Le photon, composant élémentaire de la lumière, suit cette règle.

Ainsi, lorsque la vitesse de libération d'un corps céleste est égale ou supérieure à la vitesse de la lumière, les photons ne peuvent s'extraire de l'attraction puisqu'il leur faudrait dépasser le seuil fatidique des 300 000 km/s. La lumière ne peut donc s'échapper de la surface de l'étoile. Ce concept de « corps obscur » apparaît au XVIIIe siècle, notamment grâce aux travaux du mathématicien français Pierre Simon de Laplace (1749-1827). Mais il faudra attendre les lois de la relativité générale d'Einstein (1879-1955) pour établir une véritable théorie sur le sujet.

Sachant, par définition, que personne ne pouvait observer un trou noir, les chercheurs se mirent en tête d'en prouver l'existence. Notamment en traquant les rayons X émis lors du gigantesque échauffement que génère l'effondrement de l'étoile, mais aussi la matière ingurgitée. Car le trou noir ne manque pas d'appétit ! Particulièrement vorace, il aspire goulûment tout ce qui traîne à proximité, créant ainsi un disque de matière surchauffée (plusieurs millions de degrés) qui produit une source de rayons X. En 1999, cette « signature » a été détectée par le télescope américain Chandra au cœur même de notre galaxie. Et le télescope Hubble a pu réaliser des clichés infrarouges d'absorptions de tourbillons de gaz et poussières par des trous noirs. Aussi, le jour où un modeste trou noir viendra musarder dans l'orbite de la Terre, il absorbera sans sourciller notre planète bleue !

Mais cette hypothèse dramatique pour l'humanité ne préoccupe pas trop les physiciens. En revanche, si un apprenti sorcier parvenait à fabriquer un trou noir sur le plancher des vaches, son invention happerait irrémédiablement la moindre molécule de matière située dans son immédiat entourage. Puis, de plus en plus massif, l'insatiable glouton dévorerait la Terre entière. Stupide ? Reste à le souhaiter... Le clonage d'une brebis n'aurait-il pas semblé ridicule à un naturaliste du XVIIIe siècle ? D'ailleurs, des scientifiques n'excluent pas la formation d'infimes trous noirs dans les accélérateurs à particules, notamment dans les monstrueux engins qui seront fatalement de plus en plus puissants et complexes. En théorie, ces microscopiques « objets obscurs » resteraient inoffensifs.

Quelle étoile est la plus proche de la Terre ?

L'étoile phare et centrale de notre système solaire (voir *Comment s'est formé le Soleil ?*) se trouve à 150 millions de kilomètres. Mais la question porte bien évidemment sur l'étoile suivante. Et là, il convient de parler en années-lumière, tant les distances stellaires prennent des proportions colossales.

Tout d'abord, il faut savoir que l'année-lumière correspond à la distance que parcourt la lumière en un an. Reste à effectuer un petit calcul purement arithmétique (constitué par une simple succession de multiplications). En partant des 300 000 km/s (la vitesse de la lumière), il faut multiplier par 3 600 pour obtenir la distance parcourue en une heure (60 fois 60 secondes), puis par 24 pour la journée et par 365 pour l'année. Bref, on avoisine une distance de 10 000 milliards de kilomètres. Autrement dit, la lumière parcourt environ 10 000 milliards de kilomètres en un an.

Située dans la constellation australe du Centaure, l'étoile la plus proche de la Terre s'appelle Proxima. Et il faudrait voyager sur une distance de 4,3 années-lumière pour l'atteindre : soit 43 000 milliards de kilomètres ! Ça fait loin pour partir en vacances.

Outre l'année-lumière, les astronomes utilisent également l'unité astronomique (U.A.). Rappelons que l'unité astronomique correspond à la distance qui sépare la Terre du Soleil (150 millions de kilomètres). Avec les arrondis que nous avons ici adoptés, il y a donc 66 000 U.A. dans une année-lumière.

Pourquoi les étoiles scintillent-elles ?

En réalité une étoile ne scintille absolument pas. Elle brille de façon tout à fait « stable » en émettant une lumière produite par les gaz qui brûlent à sa surface (voir *Comment s'est formé le Soleil ?*). La chaleur résulte de la fabuleuse pression due à la gravité engendrée par le cœur des astres massifs (voir *Quand le Soleil s'arrêtera-t-il de briller ?*).

Placés dans des conditions dynamiques et chimiques extrêmes, les noyaux d'hydrogène fusionnent. Une telle réaction thermonucléaire enfante alors des noyaux d'hélium en dégageant une époustouflante quantité d'énergie. Celle-là même qui éclaire nos nuits sans lune. La lumière émise par le satellite naturel de la Terre n'étant pour sa part que l'image réfléchie des rayons envoyés par le Soleil. De la même façon, toute planète ou corps céleste ne brille jamais de sa propre lumière. Il se comporte comme un miroir et se contente de renvoyer les émissions reçues. Seule l'étoile produit une lumière véritable.

Pour parvenir jusqu'à l'œil du badaud qui lève la tête dans la nuit, la lumière d'une étoile parcourt une distance non négligeable. Il faut plus de quatre ans pour que la fusion thermonucléaire de Proxima frappe notre rétine (voir *Quelle étoile est la plus proche de la Terre ?*). Après ce long voyage interstellaire, les photons subissent moultes agressions en pénétrant dans l'atmosphère terrestre. Des perturbations dues aux incessants courants des masses d'air chaud qui s'élèvent et redescendent en nappes froides. Chaque mouvement emporte dans son sillage des colonies de particules multiples et variées qui altèrent la propagation des ondes lumineuses. Au point de donner l'impression que la lumière d'une étoile clignote dans le ciel.

Le scintillement a longtemps perturbé les travaux des astronomes. Aussi les chercheurs apprécient-ils tout particulièrement l'envoi dans l'espace de satellites comme Hubble. Ce type de télescope spatial navigue au-delà de l'atmosphère terrestre et peut ainsi transmettre des images « pures » qui contribuent très largement à enrichir les connaissances de notre galaxie et de tous les objets qui la composent.

Pourquoi le ciel est-il bleu ?

Sans l'atmosphère terrestre, la voûte céleste serait toujours noire en plein jour. Et l'on y verrait les étoiles briller (et non plus clignoter) à l'heure du déjeuner (voir *Pourquoi les étoiles scintillent-elles ?*). Mais sans ce manteau de 700 km d'épaisseur qui protège notre planète de l'excès des rayonnements solaires, personne ne pourrait admirer ce spectacle (visible, par exemple, pour tout observateur placé sur la Lune). En effet, l'atmosphère fournit l'air que nous respirons et l'eau que nous buvons. Autrement dit, sans l'atmosphère (essentiellement composée d'azote, d'oxygène, d'argon et de gaz carbonique), la vie que nous connaissons n'aurait pu se développer sur la Terre.

Toutefois, l'atmosphère terrestre ne suffit pas à donner du ciel bleu. L'air n'a pas de couleur. En revanche, la lumière émise par le Soleil va jouer un rôle fondamental (voir *Qu'est-ce qu'un arc-en-ciel ?*). Ce jet de particules, flux discontinu de photons, produit donc la lumière blanche du Soleil. Elle se caractérise par une combinaison de rayonnements dont chaque longueur d'onde correspond aux sept couleurs du spectre visible. À savoir : violet, indigo, bleu, vert, jaune, orange et rouge.

Ainsi, pour parvenir jusqu'à nous, la lumière du Soleil se frotte aux différentes molécules de gaz qui composent l'atmosphère. Et dans ce jeu subtil d'excitations mutuelles, chaque longueur d'onde subit un sort particulier. Par exemple, les molécules d'air capturent plutôt les faibles longueurs d'onde (violet et bleu) avant de les disperser dans tous les sens, tandis que les plus grandes longueurs (jaune et rouge) passent facilement (et ne sont donc pratiquement pas diffusées).

En regardant le ciel par beau temps dans une direction différente de celle du Soleil, vous percevez une voûte céleste dominée par le bleu que diffusent les molécules de l'air (le violet impressionne peu la rétine). Quant à la boule solaire, elle apparaît de couleur jaune lorsqu'elle a perdu toutes les longueurs d'onde plus courtes par dispersion. Et par un beau soir d'été, quand le Soleil descend sur l'horizon, on n'aperçoit parfois plus qu'un disque rouge, mat et peu éblouissant. Car la position de la Terre nous fait alors percevoir (en un moment précis et en un point donné) les restes visibles de ce principe de diffusion du rayonnement solaire. Inversement, le matin, vous pouvez admirer de hautes couches éclairées avant même que le Soleil n'apparaisse au-dessus de l'horizon. Dites-vous bien que les molécules de l'atmosphère ont encore frappé !

La Terre s'arrêtera-t-elle de tourner ?

Issu d'un seul et même nuage de gaz et de poussières, le système solaire naquit probablement d'un gigantesque tourbillon vieux de 5 milliards d'années (voir *Comment s'est formé le Soleil ?*). Cette nébuleuse en mouvement va former le Soleil primitif, entouré d'un disque de matière résiduelle. Et la valse torride se terminera par la création des neuf planètes, de leurs satellites, des millions de comètes et d'astéroïdes qui peuplent le système solaire.

Dans cette impétueuse agitation, chacun des corps va acquérir d'emblée une prodigieuse vitesse de rotation autour de son axe et autour de l'étoile centrale. Aujourd'hui, la Terre tourne sur elle-même (dans le sens contraire des aiguilles d'une montre) en 23 heures et 56 minutes et autour du Soleil en 365,26 jours (voir *Pourquoi l'année est-elle rythmée par les saisons ?*). La rotation axiale se traduit par une vitesse de 1 670 km/h au niveau de l'équateur. Ce qui permet aux engins spatiaux de bénéficier d'une poussée supplémentaire au moment de leur propulsion. À condition que le site de lancement soit au plus proche de cette ligne. De ce point de vue, le centre de Kourou (Guyane française) occupe une place privilégiée.

La vitesse de rotation des corps du système solaire varie de façon considérable d'une planète à l'autre. Par exemple, Vénus fait un tour complet sur son axe en plus de 243 jours. Mercure s'active davantage (58 jours). Seul Mars a une vitesse de rotation comparable à celle de la Terre (24 heures 57 minutes). Quant aux quatre géantes gazeuses, elles nous donneraient le tournis. La plus rapide, Jupiter joue les toupies affolées : un tour en 9 heures et 55 minutes. Saturne suit de près (un peu plus de 10 heures). Puis viennent Uranus et Neptune (entre 16 et 17 heures). Enfin, Pluton prend tout son temps puisqu'elle met plus de 6 jours pour une rotation complète.

Selon les calculs d'éminents spécialistes, la Terre devait tourner quatre fois plus vite qu'aujourd'hui pendant les centaines de millions d'années qui suivirent sa formation (précambrien). En gros, une journée devait donc durer 6 heures ! Et l'orbite de la Lune était bien plus proche de la Terre que celle d'aujourd'hui. Le ralentissement de la rotation axiale (notamment dû au phénomène des marées) s'effectua au rythme de 30 secondes tous les siècles. Et cette tendance se poursuit incontestablement. Un astronome américain a ainsi calculé qu'une Terre poussive pourrait prendre 1 128 heures à faire un tour sur elle-même ! L'équivalent de 47 journées d'aujourd'hui (ce qui laisse aux paresseux la perspective de belles nuits de plus de 23 jours). Resterait à espérer qu'une profonde modification des champs gravitationnels entraînerait de nouveau la Lune sur une orbite plus proche de la Terre afin de lui redonner un petit coup d'accélérateur.

Combien y a-t-il de galaxies dans l'univers ?

Au IIe siècle, le mathématicien grec Claude Ptolémée (90-168) soutenait que la Terre se trouvait au centre de l'univers. Théorie qui s'appuyait très largement sur les travaux de l'Antiquité. La conception géocentrique, qui convenait parfaitement à la hiérarchie de l'Église, dominera les esprits jusqu'au XVIIe siècle.

Il faudra en effet attendre les recherches du Polonais Nicolas Copernic (1473-1543) pour passer à une vision héliocentrique du cosmos. Pour lui, le Soleil trône au centre de l'univers et la Terre n'est qu'une planète parmi d'autres. Mais cette thèse révolutionnaire ne sera admise qu'au XVIIe siècle lorsque ses disciples (et notamment Galilée, 1564-1642) démontrèrent la rotation de la Terre sur elle-même en une journée et autour du Soleil en un an. D'ailleurs, les conceptions de Galilée sur la structure du système solaire scandalisèrent l'Église catholique, au point de le suspecter d'hérésie. Galilée dut même comparaître devant un tribunal de l'Inquisition (22 juin 1633) qui lui demanda d'abjurer ses théories. Agenouillé et revêtu de la chemise blanche du pénitent, le génial physicien ne put que s'incliner. Il reconnut ses « erreurs ». Humilié, il murmura en se relevant : « *Eppur si muove !* » (Et pourtant, elle tourne !)

Au XXe siècle, la puissance des ordinateurs et des télescopes ouvrit des champs entiers d'observations et de calculs. Et, aujourd'hui, chacun s'accorde sur la théorie du big-bang, une gigantesque explosion qui enfanta l'univers, il y a environ 15 milliards d'années. Et de cette exceptionnelle et indicible déflagration d'un noyau d'une insoupçonnable densité émergèrent à la fois la matière, l'espace, le temps et l'énergie. Autant de composants qui servirent d'éléments fondateurs à l'architecture de l'univers, à la structure des galaxies, à la naissance des étoiles, des planètes et autres comètes... Et à la création de la vie.

Une fraction de seconde après l'explosion, les toutes premières particules s'organisèrent. Trois minutes plus tard, elles formaient l'univers primitif composé de 75 % d'hydrogène et de 25 % d'hélium. Mais il faudra 3 milliards d'années pour qu'apparaissent les premières galaxies et probablement 2 milliards d'années supplémentaires pour voir émerger la Voie lactée de ce bouillonnant magma.

L'Américain Edwin Hubble (1889-1953) démontra en 1923 l'existence d'autres galaxies. On sait aujourd'hui que l'univers en contient des milliards ! Elles sont constituées d'étoiles (plusieurs dizaines de milliards en moyenne), de gaz et de poussières. Les astronomes classent les galaxies en quatre grandes catégories.

Très brillantes, les elliptiques (environ 15 % de l'ensemble des galaxies) n'abritent le plus souvent que quelques millions d'étoiles âgées (5 milliards d'années) qui ont consommé pratiquement tout leur gaz. Les galaxies lenticulaires possèdent également de vieilles étoiles et une condensation centrale marquée (sans toutefois présenter de réelle structure interne). Quant aux galaxies irrégulières, elles se composent d'un ensemble sans dessin particulier. Très riches en gaz, elles sont peuplées d'étoiles jeunes et brillantes. Restent les galaxies de type spirale, catégorie à laquelle appartient notre Voie lactée, qui possèdent une condensation centrale très distincte (le bulbe) et un disque (pourvu d'une structure spirale très caractéristique), entouré d'un faible halo.

Notre galaxie, appelée Voie lactée, se présente sous la forme d'un disque aplati de 100 000 années-lumière de diamètre et de quelques milliers d'années-lumière d'épaisseur. Le bulbe central mesure environ 15 000 années-lumière de diamètre. En fait ce bulbe ne renferme que très peu de gaz, mais surtout des étoiles âgées très riches en métaux. Le Soleil et son système, avec notamment la planète Terre, se cachent dans l'un des bras spiraloïdes, à environ 30 000 années-lumière du centre de la galaxie. Enfin, il faut savoir que tous les objets d'une galaxie décrivent une orbite autour du noyau galactique. Ainsi le Soleil effectue-t-il un tour complet en 250 millions d'années.

Pour fixer les idées sur l'ordre de grandeur de l'univers, le mot immense n'a plus aucune signification. Par exemple, les spécialistes ont recours à l'unité astronomique (U.A.) pour identifier des distances « modestes » : une U.A. équivaut à 150 millions de kilomètres (distance Terre-Soleil). Une broutille au regard du chemin qui sépare les galaxies et les milliards de milliards d'étoiles qui l'habitent.

Là, les astrophysiciens adoptent une autre unité de base : l'année-lumière, c'est-à-dire la distance parcourue par la lumière en un an (à la vitesse de 300 000 km/s). Tous calculs faits, une année-lumière représente environ 10 000 milliards de kilomètres. Cela posé, on sait que l'étoile la plus proche du Soleil (Proxima du Centaure) se trouve à 4,3 années-lumière (43 000 milliards de kilomètres). Un saut de puce ! Car notre voisine suivante, la galaxie M31 d'Andromène, se niche pour sa part à 2,25 millions d'années-lumière (22,5 milliards de milliards de kilomètres). Ainsi, de proche en proche – ou plus exactement, de loin en loin – les spécialistes ont évalué le diamètre possible de l'univers à 30 milliards d'années-lumière (300 000 milliards de milliards de kilomètres).

Culture

Pourquoi la Vénus de Milo est-elle sans bras ?

Le sculpteur inconnu qui réalisa ce chef-d'œuvre vers la fin du IIᵉ siècle av. J.-C. ne manquait pas de talent. Pose majestueuse, souplesse naturelle des lignes, réalisme des détails (notamment dans le plissé du vêtement), exécution parfaite, proportions d'ensemble harmonieuses, visage expressif... Manquent les bras ! Absence qui contribua probablement à renforcer la célébrité de la Vénus de Milo, fruit de la prodigieuse habileté d'un artiste anonyme de l'art hellénistique.

La Vénus fut découverte par un paysan en 1820 dans l'île de Milo, île grecque de la mer Égée, au sud-ouest des Cyclades, sur les lieux d'une cité antique. Le marquis de Rivière, ambassadeur de France à Istanbul, acheta cette magnifique statue en marbre (plus de 2 m de haut) pour en faire don au roi de France, Louis XVIII (1755-1824).

Aujourd'hui au musée du Louvre, la Vénus attire toujours autant d'admirateurs, mais elle continue aussi d'entretenir d'amicales controverses entre historiens. Certes, la plupart s'accordent sur le fait qu'il s'agit probablement d'une représentation d'Aphrodite (déesse de l'amour). En revanche, l'énigme persiste sur la position initiale des bras perdus. Malgré de courageuses tentatives, projections, hypothèses et reconstitutions, personne n'a pu élaborer une proposition convaincante. Vénus (divinité romaine assimilée à Aphrodite au IIᵉ siècle av. J.-C.) garde jalousement son mystère.

Pourquoi certains affirment-ils que Shakespeare n'aurait pas écrit ses pièces ?

Au moment où il va venger son père, assassiné avec la complicité de sa mère, le prince du Danemark se prend à douter de la nécessité de sa mission. Concise, banale et néanmoins saisissante, l'interrogation qu'il formule en cet instant précis deviendra l'une des plus célèbres répliques du théâtre. *To be or not to be : that is the question* (« Être ou ne pas être : voilà la question »), l'un des 3 931 vers d'*Hamlet*, la plus longue pièce du dramaturge britannique, s'installera ainsi au rang de maxime universelle.

Au total, l'œuvre théâtrale de William Shakespeare (1564-1616) rassemble plus de cent mille vers mis en scène par 1 277 personnages ! Le tout animé de fulgurantes inspirations servies par un langage prodigieusement riche qui allie violence et préciosité. De surcroît, dans ses trente-sept pièces composées de 1592 à 1611, Shakespeare aborde avec une facilité déconcertante tous les genres : vaste fresque historique et tragique, drame antique, comédie féerique ou jubilatoire, fable philosophique. Et, à une époque où la magie des mots et des situations produit un véritable engouement, toutes les pièces de Shakespeare, qu'elles soient dramatiques, fantaisistes ou lyriques, rencontrent immédiatement le succès auprès du public.

Aisance du style, talent et réussite, il n'en fallait probablement pas davantage pour attiser la jalousie des contemporains de l'auteur de *Macbeth*. D'autant que la concurrence faisait rage entre acteurs, dramaturges et poètes. Par surcroît, William Shakespeare n'appartient pas à l'élite du moment. Ni érudit ni aristocrate, le dramaturge traînera toute sa vie ses deux lourds handicaps que seuls le génie et la postérité pouvaient combler. Mais le repos et la gloire ne s'éterniseront pas. En effet, dès le XVIIIe siècle, le doute s'installe. D'abord furtif, il se mue en rumeur tenace, puis se transforme en d'ardentes polémiques qui se poursuivent encore aujourd'hui. Au cœur de ce débat : la réelle paternité de l'œuvre signée William Shakespeare.

Fils de commerçant, Shakespeare naquit à Stratford-upon-Avon (au sud de Birmingham). Il se marie à l'âge de dix-huit ans (avec Anne Hathaway dont il aura trois enfants). À partir de 1587, le jeune William participe probablement à la vie de troupes ambulantes, mais aucun document ne peut fermement l'authentifier.

Avec *Henri VI* (sa première pièce, 1592) commence à Londres une vie d'auteur et d'acteur. Shakespeare entre dans la célèbre troupe de James Burbage, mais l'épidémie de peste entraîne la fermeture des théâtres londoniens jusqu'en mai 1594. William se retrouve dès 1597 à la tête d'une formidable aventure. Associé aux deux fils de James Burbage (qui vient de mourir) et à quatre comédiens, il crée le théâtre du Globe. Cette grande bâtisse située en dehors de la City, sur la rive sud de la Tamise, peut accueillir deux mille spectateurs. Shakespeare s'y produit comme acteur et il y fera jouer la plupart de ses pièces jusqu'en 1610. À l'époque, il faut débourser un penny pour obtenir une place debout, devant la scène à ciel ouvert, et cinq à six pence pour une place assise et couverte dans l'un des trois niveaux de la galerie.

Shakespeare se retire à Stratford en 1610. Il meurt le 23 avril 1616, un mois après avoir rédigé son testament dans lequel ne figure aucune mention de son œuvre théâtrale et poétique. Mais il convient de souligner que la notion juridique du droit d'auteur n'existait pas à l'époque (ses écrits ne possédaient donc aucune valeur monétaire). Il faudra attendre 1623 pour que deux acteurs du Globe publient pour la première fois l'œuvre théâtrale complète de Shakespeare.

Finalement, on sait que William Shakespeare a bel et bien existé. Les actes de ses baptême, mariage et enterrement figurent dans les registres. Il a également laissé un testament en bonne et due forme et il apparaît sur des gravures de l'époque. Par ailleurs, de rares documents attesteraient la signature de probables contrats (commerciaux ou financiers) vers la fin de sa vie. Cependant, la condition de roturier de l'auteur du *Roi Lear* n'a pas franchement favorisé la multiplication de pièces juridiques concernant la famille Shakespeare.

Certes, un certain William Shakespeare a bien existé, mais les sceptiques refusent de lui attribuer l'œuvre monumentale signée de son nom. À ce jour, on a recensé une cinquantaine de candidats susceptibles de se cacher derrière le patronyme de Shakespeare. La controverse a généré des milliers d'articles et des centaines de livres.

Globalement, les détracteurs de Shakespeare avancent un premier argument : un modeste acteur ne peut avoir écrit une œuvre aussi riche. Pour appuyer leur thèse, ils mettent en évidence le gigantesque fossé qui sépare le génie créateur que contient chaque pièce et la modeste condition sociale de l'auteur qui n'a ni voyagé ni suivi d'études à l'université (il a quitté l'école vers l'âge de quatorze ans). Par exemple, les « anti-stratfordiens » soulignent que les pièces pullulent de références littéraires habilement distillées qui exigent une excellente connaissance des auteurs classiques grecs et latins. D'autres insistent aussi sur les références scientifiques ou sur l'usage brillant, vaste et nuancé du langage juridique qu'à leurs yeux Shakespeare ne pouvait pas maîtriser.

D'aucuns soutiennent aussi que l'auteur de l'œuvre shakespearienne devait avoir forcément beaucoup voyagé (notamment en Espagne, France, Italie, Danemark et Écosse) pour manier avec subtilité un tel réalisme dans l'écriture de ses pièces. Selon eux, impossible donc que le roturier Shakespeare ait pu peindre aussi fidèlement la vie de l'aristocratie, des cours et des palais royaux. Les mêmes font souvent remarquer que Shakespeare menait (dès 1600) la vie calme et ordinaire d'un travailleur acharné qui avait même acquis une certaine prospérité matérielle. Position que ses détracteurs disent incompatible avec la profondeur des noires passions qui caractérisent l'angoissant pessimisme de ses chefs-d'œuvre dramatiques.

Quant à certains historiens de la littérature, ils s'appuient plutôt sur le style pour montrer les convergences troublantes qui existeraient entre l'œuvre attribuée à Shakespeare et celle de leur candidat. Plusieurs noms reviennent souvent : Ben Jonson (1572-1637), Francis Bacon (1561-1626) et Christopher Marlowe (1564-1593).

La thèse attribuant les pièces de théâtre à Christopher Marlowe refait surface vers 1955 sous la plume de Calvin Hoffman. Celui-ci va s'attacher à expliquer comment Marlowe aurait pu écrire l'œuvre de Shakespeare en mourant vingt-trois ans avant lui ! Détail chronologique qui discréditait jusqu'ici les défenseurs de Marlowe (sauf à imaginer que la totalité des pièces était déjà écrite à sa mort et que quelqu'un les diffusa ensuite).

Habitué des bas-fonds de Londres, Marlowe fut assassiné lors d'une violente rixe dans une taverne. Donc, pour expliquer la continuité dans la production de son poulain, Calvin Hoffman raconte une histoire rocambolesque : le meurtre de Marlowe n'aurait été qu'une extravagante mise en scène, pour permettre au poète rebelle et athée de gagner clandestinement l'Italie (notamment par crainte de la censure). Pays où il aurait pu continuer d'écrire tranquillement ses pièces avant de les envoyer à son protecteur et amant, sir Thomas Walsingham. Ce dernier se serait alors chargé de les vendre. Et de les faire jouer sous la signature de Shakespeare.

Le pasteur James Wilmot, pasteur à Burton-in-the-Heath (près de Stratford), fut le premier à suggérer (en 1785) que Francis Bacon pouvait être le véritable auteur de l'œuvre. Mais en 1848, un juriste new-yorkais, Joseph C. Hart, relance le débat. Ce chef de file du groupe des « baconiens » tire à boulets rouges sur Shakespeare. Déjà, au XVIIe siècle, de violents pamphlets qualifiaient le dramaturge de « minable arrogant, ingrat, égoïste et cupide ». Un peu dans la même veine, Hart le décrit comme un homme « vulgaire et illettré » qui, selon lui, achetait des pièces pour les jouer. Il se contentait alors de les ficeler à son goût « en rajoutant quelques obscénités, canailleries et impuretés ».

De son côté, Delia Bacon (sans lien familial avec le dramaturge) soutient en 1856 que l'œuvre de Shakespeare n'est que le résultat d'un travail collectif mené par des érudits du théâtre élisabéthain. Parmi eux Walter Raleigh (protecteur de Marlowe), Francis Bacon, Edmund Spence et d'autres philosophes. Mais le travail de Delia Bacon devient vite ésotérique : elle prétend que les preuves sont enterrées dans la tombe de Shakespeare, obtient la permission d'ouvrir le caveau, et, finalement, renonce au dernier moment.

Plus rationnel, William Henry Smith fonde en 1857 ses arguments sur l'évidence de l'esprit « baconien » dans l'œuvre de Shakespeare. Et nombre des fervents défenseurs de la « théorie Francis Bacon » s'appuient surtout sur un célèbre post-scriptum. En effet, dans une lettre adressée à Bacon en 1624, sir Tobie Matthew écrit : « L'esprit le plus prodigieux que j'aie jamais connu dans mon pays et de ce côté de la mer porte le nom de votre seigneur, bien qu'il soit connu sous un autre nom. »

Depuis presque un siècle, la plupart des « anti-stratfordiens » s'accordent pour attribuer l'œuvre de Shakespeare à Francis Bacon. Mais, finalement, au-delà de cette passionnante querelle, l'essentiel réside dans le fait que ce théâtre exceptionnel — et probablement jamais égalé — soit joué dans le monde entier. Tout simplement parce qu'il porte en lui tous les ingrédients de l'universalité.

Pourquoi le lion est-il l'emblème de la Metro Goldwyn Mayer ?

En 1915, Marcus Loew (1870-1927) fonde la Metro Pictures. Deux ans plus tard, Samuel Goldfish (1882-1974) et les frères Selwyn créent la Goldwyn Pictures Corporation. De son côté, Louis Mayer monte la Louis B. Mayer Pictures en 1918. En 1922, Goldfish se retire et les trois sociétés fusionnent pour donner naissance au célèbre studio qui s'appellera désormais la Metro Goldwyn Mayer (M.G.M.).

Au sein de la Goldwyn Pictures, le directeur de la publicité, un certain Howard Dietz, avait imaginé la représentation d'une tête de lion pour symboliser la vigueur dominatrice du studio. L'idée plut à tous, y compris après la fusion, et la M.G.M. ne changera jamais plus d'emblème. Howard Dietz avoua que son choix se porta sur le lion en référence (et en hommage) à l'université Columbia qui l'avait accueilli pendant ses études. Car il se souvenait que l'une des revues du campus avait publié un fauve en couverture.

L'exceptionnelle qualité du catalogue de la M.G.M. attisera les convoitises de financiers parfois douteux. Aussi le studio connaîtra-t-il maintes vicissitudes. Il passera entre des mains pas toujours très propres pour finalement sombrer dans une faillite retentissante (1992). Mais le lion rugissant d'Howard Dietz renaîtra de ses cendres et poursuivra son chemin dans l'impitoyable jungle du business. Curieux d'avoir autant de démêlés financiers pour une entreprise qui porte une bien séduisante devise : *Ars gratia artis* (« L'art pour l'art »).

Pourquoi les acteurs pensent-ils que le vert porte malheur sur scène ?

Rafraîchissante, calmante et rassurante, la couleur verte représente avant tout l'image du règne végétal. Ainsi exprime-t-elle les notions de cycle et de renaissance. Par extrapolation, le vert symbolise aussi la force régénératrice et la longévité, voire l'immortalité liée au rameaux éternellement verts. Enfin, associée à l'eau, la couleur suggère encore le renouveau de la vie, l'espoir et la fécondité.

Malgré cette débauche d'arguments positifs, acteurs et metteurs en scène refusent pourtant d'utiliser le moindre objet ou costume vert dans un théâtre. Certes, comme la plupart des autres couleurs, le vert doit assumer son ambivalence. Car l'image bienfaisante du renouveau printanier s'oppose au vert de la moisissure et de la putréfaction. Évocation qui eut ici ou là un impact néfaste dans les croyances populaires (par exemple, dans le nord de l'Europe, les invités d'un mariage ne devaient pas s'habiller de vert). Mais, globalement, l'aspect bénéfique l'emporte dans la tradition superstitieuse qui conseillait plutôt de porter des vêtements verts (surtout pour les femmes enceintes, les malades et les enfants souffreteux).

Loin de toutes ces arguties, la défiance des acteurs vis-à-vis du vert prend racine dans un phénomène technique fort simple. En effet, les premiers éclairages mettaient difficilement cette couleur en valeur. Ainsi tout acteur portant un costume vert « éblouissait-il » beaucoup moins les spectateurs, il ne leur tapait pas dans l'œil. Ce qui entraînait un cortège d'irréparables désagréments. Moins bien mis en évidence, moins vu, moins remarqué, moins applaudi... l'acteur courait au désastre. Un seul responsable : le vert du costume qui avait tué le talent. En ignorant le plus souvent les raisons de cette aversion, voilà pourquoi les comédiens continuent encore à ne pas s'habiller en vert sur scène. Alors que l'argument technique (grâce aux progrès des éclairages) ne tient plus aujourd'hui.

Certains logeaient d'ailleurs le jaune à la même enseigne, pour une raison identique : la couleur ne prenait pas bien la lumière et ne mettait pas suffisamment l'acteur en évidence (les longueurs d'onde du vert et du jaune voisinent sur le spectre visible des couleurs). Mais là, un autre paramètre, plus affectif, pousse les comédiens superstitieux à ne pas s'habiller de jaune en scène. Leur grand maître, Molière, portait un costume jaune lors de sa dernière représentation.

À quoi tient la renommée des stradivarius ?

Apparu en Italie au début du XVIᵉ siècle, le violon s'inspire des instruments à archet du Moyen Âge, comme le rebec ou la vielle. D'abord utilisé pour accompagner danses et chants populaires, il gagne ses lettres de noblesse un siècle plus tard, notamment grâce aux opéras de Claudio Monteverdi. Mais des initiatives comme celle des musiciens de Louis XIII, qui forment en 1626 les célèbres Vingt-Quatre Violons du roi, contribuent également à promouvoir l'instrument dans les rangs de l'aristocratie européenne.

Pendant la période baroque, le violon connaît un véritable engouement, largement illustré par l'apport de compositeurs tels que Tartini, Vivaldi, Telemann ou Bach. La notoriété du violon ne se démentira plus. Au point qu'il deviendra un instrument très prisé, d'une part, en attirant à lui d'exceptionnels solistes séduits par sa musicalité et ses exigences techniques, d'autre part, en occupant progressivement une place majeure dans la structure des orchestres.

Les premiers fabricants de violons s'installent dans l'Italie du Nord. Il y a là de talentueux artisans comme Gasparo Da Salo (1540-1609) ou Giovanni Maggini (1579-1630). Installé à Crémone, le plus célèbre luthier de l'époque s'appelle Andrea Amati. Il donnera naissance à trois générations de luthiers, dont Niccolo Amati (1596-1684).

À l'âge de seize ans, Antonio Stradivari, dit Stradivarius, entre comme apprenti chez Niccolo Amati (en 1628). Et il reste fidèle à son patron jusqu'en 1680, date à laquelle il ouvre son propre atelier. D'ailleurs, il avait déjà signé quelques violons avant de se mettre à son compte. Aussi jouissait-il d'une certaine réputation locale. Mais sa notoriété va largement s'étendre au-delà des frontières de l'Italie.

À partir de 1684, à la mort de Niccolo Amati, l'élève dépasse le maître. Stradivarius reçoit de nombreuses commandes de l'Europe entière. Il fournit toutes les grandes familles de l'aristocratie et la plupart des cours royales. Par exemple, Jacques Ier d'Angleterre lui commande cinq violons dès 1682. Jamais le succès du luthier de Crémone ne cessera de croître. Lorsqu'il meurt en 1737, à l'âge de quatre-vingt-treize ans, Stradivarius a fabriqué plus d'un millier d'instruments (violons, altos et violoncelles). Car il travaille seul. Ses deux fils ne le rejoindront que vers 1720. Certes, un autre excellent artisan luthier de Crémone, Giuseppe Guarneri (1698-1744), tentera bien de relever le défi, mais jamais personne ne parviendra à égaler la qualité des stradivarius.

Nombre de spécialistes tentèrent de percer le mystère de ces fameux violons. Côté bois, Stradivarius utilisait du pin et de l'épicéa, mais surtout de l'érable importé des Balkans (plus facile à travailler, il transmet les vibrations plus lentement). En fait, rien d'extraordinaire.

Un biochimiste texan a cependant suggéré que le stockage des planches dans la lagune aurait pu donner à la structure du bois des caractéristiques particulières. Le même chercheur a aussi étudié le vernis des violons. Il y aurait découvert des traces de minéraux broyés susceptibles de filtrer les aigus. On sait que Stradivarius passait sept à huit couches de ce vernis miracle avant de les laisser sécher au soleil. La mixture se composait de gommes, d'huile et de substances colorantes. Mais Stradivarius en gardait jalousement la recette précise et la légende veut que ses fils l'aient détruite. Il n'en fallait pas davantage pour que l'énigme de la renommée du stradivarius se focalise essentiellement sur ce fichu vernis. Mais rien ne prouve qu'il s'agisse bien là du véritable secret de fabrication de l'instrument.

Beaucoup plus simplement, il convient par exemple d'insister sur les talents de dessinateur de Stradivarius qui pouvaient s'exprimer dans la définition du subtil équilibre nécessaire aux moindres détails de la conception de l'instrument : courbure, proportions, dimension globale de la caisse, taille et position des ouïes, épaisseur de la table de fond... Passion, solitude, rigueur, recherches, doutes, travail acharné et talent suffisent largement à expliquer ce succès. On ne doit cependant pas rejeter l'idée que des éléments historiques naturels (stockage du bois et spécificité des matériaux utilisés pour le vernis) aient pu jouer leur rôle. À la marge.

Depuis quand les danseurs et les danseuses font-ils des pointes ?

Le ballet se développe un peu partout en Europe à partir du XVe siècle. À l'époque, il se compose essentiellement de musiques, chants et poèmes accompagnés de pas de danse plus ou moins codifiés. Dans les cours royales italiennes et espagnoles, des troupes donnent alors des représentations qui mettent en scène des récits le plus souvent fondés sur la mythologie grecque et qui proposent des solos de danse.

Mais il faut attendre le XVIIᵉ siècle pour que le ballet classique connaisse un véritable développement. Grâce notamment à la cour du roi Louis XIV. L'activité devient alors indispensable à l'éducation de tout gentilhomme ambitieux, au même titre que l'apprentissage de l'escrime et de l'équitation. Aussi voit-on apparaître pour la première fois des danseurs professionnels, et même des maîtres de ballet (ancêtres de nos actuels chorégraphes) comme Pierre Beauchamp (1636-1705).

Directeur de l'Académie royale de danse fondée en 1669, Beauchamp réglera la plupart des divertissements de Molière (*La Princesse d'Élide, Monsieur de Pourceaugnac, Le Bourgeois gentilhomme*). Surintendant des ballets du roi, on lui doit également la codification des cinq positions classiques et la mise en scène des principaux opéras et tragédies lyriques de Lully.

À la fin du XVIIᵉ siècle, cette effervescence créatrice débouche sur l'opéra-ballet, puis, au XVIIIᵉ, sur des ballets entièrement dansés par des professionnels, pièces qui racontent des histoires sans l'apport de chants ou de poèmes comme le voulait encore la tradition du siècle précédent. Rameau publie *Le Maître à danser*, tandis qu'émergent de nombreuses artistes féminines qui soutiennent essentiellement des thèmes puisés dans l'Antiquité.

Déjà, la danseuse prend le pas (c'est le cas de le dire !) sur son collègue masculin. Mais Marie-Madeleine Guimard ou Marie Sallé restent engoncées dans des costumes qui traînent sur le plancher de la scène. Survient alors Anne de Camargo qui stupéfie le public. La petite dévergondée ose porter une robe dévoilant ses chevilles ! Outre le scandale suscité, cette tenue lui donne davantage d'aisance et elle lui offre la possibilité d'élargir sa palette technique et artistique.

Apparaissent au XIXe siècle des ballets romantiques qui renoncent à l'inspiration antique. Les auteurs se tournent plutôt vers des sortes de contes (*Giselle, Coppélia, La Sylphide*). Domaine dans lequel excelle Marie Taglioni, une jeune femme originaire d'Italie. En 1827, alors âgée de vingt-trois ans, elle inaugure à l'Opéra de Paris un nouveau style de pas.

Frêle, éthérée, comme venue d'une autre planète, Marie ne ressemble en rien aux voluptueuses consœurs qui l'ont précédée sur les scènes européennes. Fille d'un chorégraphe, elle a étudié avec les plus brillants professeurs du temps. Tous ceux qui la voient disent qu'elle semble défier les lois de la pesanteur. De surcroît, elle dispose d'une impeccable technique. Notamment lorsqu'elle esquisse les premières pointes de l'histoire de la danse.

Pendant une vingtaine d'années, avec naturel, grâce et raffinement, Marie Taglioni va déclencher l'enthousiasme de spectateurs subjugués. En France, on assiste même à la naissance du néologisme « taglioniser » pour décrire celles qui tentent d'imiter au mieux Marie en essayant de « faire des pointes ». Difficile dans la mesure où les chaussons de soie et de satin ne possèdent pas encore de renfort.

Les premiers chaussons de pointes voient le jour vers 1840. Dès lors, hommes et femmes se lancent à corps perdu dans l'étude de ce pas qui va révolutionner le ballet... tout en massacrant des générations d'orteils. Dans les faits, les chorégraphies laisseront le plus souvent la primeur des pointes aux femmes, le danseur masculin se contentant de jouer le rôle de porteur.

Devenu sourd, comment Beethoven a-t-il pu continuer à composer ?

L'exemple de Ludwig van Beethoven (1770-1827) donne raison à tous ceux qui affirment que le génie créateur s'exprime dans la souffrance et illustre le plus souvent une douleur tenace. Né à Bonn (Allemagne), le futur compositeur des plus amples symphonies de l'histoire de la musique connaît une enfance difficile. Ténor à la chapelle princière, son père lui impose une rude éducation musicale avant de sombrer dans l'alcoolisme. À la mort de sa mère (1787), Ludwig doit renoncer à ses études à Vienne pour prendre en charge sa famille.

Finalement, Beethoven peut rejoindre Josef Haydn à Vienne dès 1792 où il se fixe définitivement. Là, exerçant comme professeur, il acquiert surtout une immense popularité de pianiste virtuose. L'aristocratie viennoise se précipite pour admirer les fougueuses interprétations du génial improvisateur. Mais les ennuis commencent ! Beethoven perçoit les premiers signes de la surdité vers 1796. Un trouble qui ne cessera de s'amplifier et qui déjà le tenaille. Ainsi écrit-il à l'un de ses amis (en 1801) : « Laissez-moi vous dire que ce qui me tient le plus à cœur, ce qui m'était le plus précieux, mon ouïe, se détériore gravement. »

Cependant, à cette même époque, Ludwig explique dans d'autres lettres que ce handicap ne le gêne pas trop. Ni pour jouer ni pour composer. En revanche, la surdité naissante perturbe énormément sa vie sociale (Beethoven n'a que trente ans). Aussi prie-t-il instamment son proche entourage de garder le secret sur ses difficultés d'audition. Et lorsque le maître ne répond pas aux questions enflammées de ses admirateurs, on s'arrange pour expliquer l'étrange mutisme par une incorrigible distraction. Celle qui sied si bien aux artistes lunaires accaparés à chaque instant par leur inspiration.

Dans la correspondance à ses très proches amis, Beethoven parle régulièrement de la souffrance que lui inflige sa surdité. Car, d'année en d'année, son état se détériore. Mais Ludwig ne désarme pas. Il poursuivra sa carrière de concertiste pendant treize ans. Le compositeur réussit même une belle performance en 1814, l'année du congrès de Vienne qui statue sur le partage du Vieux Continent entre les alliés (Angleterre, Autriche, Prusse et Russie) après la défaite et l'abdication de Napoléon Ier. Musicien officiel du congrès, Ludwig y dirige en personne la Septième Symphonie (écrite deux ans auparavant) et *Fidelio*. Un clin d'œil de l'histoire puisqu'il avait donné la première représentation de cet opéra le 20 novembre 1805. L'œuvre, qui portait d'abord le titre de *Léonore*, avait été jouée devant un parterre d'officiers français qui occupaient alors la capitale autrichienne.

La situation de Beethoven se dégrade terriblement à partir de 1820. Toutefois, il tente encore de diriger *Fidelio* au Josephstadt Theater en 1822. À cette époque-là, Ludwig est complètement sourd. Mais il croit pouvoir donner le change. Expérience catastrophique ! Beethoven doit renoncer à conduire l'orchestre à l'entracte. Impossible pour les musiciens de suivre son tempo. Son ami et biographe Anton Felix Schindler précise que cette journée restera marquée à jamais dans l'esprit du compositeur qui « ne se remettra pas de ce désastre ».

Dès lors, Beethoven va se murer dans une douloureuse solitude où l'énergie et le désespoir se mêlent. Mais, puisqu'il ne se produit plus en public, il n'a plus du tout le souci de plaire. Aussi continue-t-il de composer avec davantage de liberté des œuvres qui resteront de véritables monuments de l'histoire de la musique.

Ludwig van Beethoven a toujours considéré son art comme un moyen d'expression du cœur et des états de l'âme de l'individu. Et les sombres instants de sa vie seront fort logiquement les plus créatifs. « Tout se passait comme si son handicap renforçait ses recherches et son travail », commente Schindler. De surcroît, ne donnant plus de concerts, Beethoven consacrait désormais tout son temps à composer. Dans la plus ardente tradition romantique, la souffrance paraissait enrichir son talent.

Pour une personnalité de la stature de Beethoven, tous ceux qui l'ont côtoyé confirment que rien n'aurait pu entraver l'expression de son génie. Schindler explique par le menu comment son ami continuait de composer. Du moins donne-t-il des détails pratiques qui concernent essentiellement l'organisation matérielle des journées du maître. Quant à la question de savoir comment Beethoven pouvait encore écrire de la musique, Schindler fait judicieusement remarquer : « Comme tous les grands compositeurs, Ludwig se contentait de transcrire à son bureau les notes qu'il entendait dans sa tête ! » Autrement dit, pour composer une symphonie, point besoin d'entendre un piano jouer.

Ainsi, personne n'entendait jamais la moindre note d'une symphonie avant qu'elle ne soit présentée au public. Il existait cependant quelques rares exceptions pour des pièces de piano. En effet, Beethoven avait demandé à son fabricant (Streicher) de lui régler l'instrument au maximum de sa puissance. Et pour ressentir au plus profond de lui-même la vibration d'une note, il posait sur les cordes du piano un morceau de bois qu'il serrait entre les dents. Un autre fabricant de pianos, Conrad Graf, avait tout spécialement conçu une sorte de « planche sonore » qui, placée sur le piano, amplifiait considérablement les vibrations.

Vers la fin de sa vie, Beethoven s'aventurait parfois dans d'improbables interprétations au piano ou au violon. Mais, sans le moindre repère sensoriel extérieur, il ne savait plus guider son énergie ni maîtriser sa technique. « Notamment, l'indispensable subtilité entre main gauche et main droite n'existait plus du tout », précise Schindler. Et son ami d'ajouter : « Il s'agissait pour nous tous de pénibles moments. Atroces pour les oreilles ! » Mais aussi d'intenses instants d'émotion, tant un irrémédiable fossé se creusait entre les admirables compositions du musicien et ce simple bruit que ses mains conduisaient.

Beethoven ne savait plus jouer ce qu'il entendait dans sa tête. Fort heureusement, il sut continuer à l'écrire.

Index thématique

Cornets, 103
Couleur, 169, 174, 181, 208
Couronne, 186
Cravate, 62
Crèche, 55
Crémone, 227
Crime, 109
Cristal, 164
Croate, 62
Cyclades, 217
Cyclone, 166

D

Danseur, 229
Décembre, 55
Démocrate (parti), 120
Dépression, 166
Dessin, 227
Diable, 99
Dollar, 104
Dormir, 136
Dramaturge, 218
Droitier, 30, 77, 176

E

Eau, 114, 160, 208
Eau lustrale, 55
Écriture, 88
Édouard VI, 53
Élections, 102

Élégance, 62
Éléphant, 120, 133
Émotion, 74
Empire byzantin, 30, 42
Ennui, 156
Épaule, 28
Épée, 30, 77
Éponge, 142
Équinoxe, 69
Érable, 227
Éruption, 186
Escargot, 147
Étalon, 126
États-Unis, 21, 120
Été, 69
Éternuement, 113
Éthiopie, 39
Étoile, 186, 201, 205, 207
Étoile filante, 197
Évolution, 156

F

Femme, 30
Feu, 174
Feuille, 169
Fidelio, 232
Fille, 26
Flamme, 174
Fouet, 77
Foulard, 62
Francfort, 82
Fruit, 35

Kepler (Johannes), 191
Ketchup, 35
Kinderhook, 21
Kuiper (ceinture de), 191, 197

L

Lac, 160
Lampyre, 147
Landerneau, 96
Langage, 176
Layette, 26
Légume, 35
Les Cayes, 21
Limace, 147
Lion, 141, 224
Longueur, 119
Louis XIII, 227
Louis XIV, 229
Louis XVIII, 217
Louvre, 217
Lucifer, 26
Lumière, 147, 181, 225
Lune, 42, 71, 86, 109, 186
Luthier, 227

M

Macbeth, 218
Mâchoire, 156
Mahomet, 39, 126

Main, 28, 76, 176
Manteau, 145
Marée, 109
Marie Tudor Ire, 53
Marine, 84
Marlowe (Christopher), 218
Marque, 37
Mars, 186, 191, 197
Marseille, 39
Massif central, 141
Médicis (Catherine de), 33
Mémoire, 133
Mer, 153, 160, 171
Mercure, 186, 191
Mexique, 33, 104
M.G.M., 224
Militaire, 28
Mille, 119
Milo, 217
Missouri, 82, 103
Mohicans, 21
Molière, 225, 229
Mollusque, 145
Monteverdi (Claudio), 227
Mort, 159
Mouche, 125
Mule, 141
Muraille (Grande), 86
Musique, 227, 232

N

Naine blanche, 201
Napoléon Ier, 33, 77, 99

R

Racine, 169
Rapide, 76
Record, 138
Républicain (parti), 120
Respect, 28
Rire, 156
Rivière, 160
Romain, 42
Rose, 26
Rotation, 69, 210
Route, 77
Ruban, 61

S

Sable, 81
Saison, 69
Salut, 28
Sam (oncle), 120
Sandwich, 82
Sandwich (îles), 153
Sang, 159
Sapin, 55
Satellite, 186, 191, 207
Saturne, 186, 191
Saucisse, 82
Scotch (ruban), 61
Sculpture, 217
Sel, 160
Semaine, 71
Sept, 71, 132

Séville, 33
Shakespeare (William), 218
Signe, 104
Soie, 39
Soleil, 42, 69, 169, 181, 186, 191, 197, 201, 205
Solstice, 69
Sommeil, 136
Son, 164
Source, 114
Sourd, 232
Stocker, 169
Suicide, 109
Sumériens, 88
Superstition, 26, 55, 66, 99, 109, 114, 132, 225
Symbole, 120, 224
Système solaire, 186, 191, 197, 210, 211

T

Tabac, 33
Tasse, 39
Teckel, 82
Terre, 186, 191, 205, 210
Théâtre, 96, 218, 225
Thevet (André), 33
Thor, 71
Tigre, 141
Tomate, 35
Tornade, 166
Tourbillon, 172

Table générale

Vie quotidienne

Animaux

Sciences

Espace

Culture

DU MÊME AUTEUR

Les châteaux du Cotentin, Éditions Ouest-France, 1979.
Traditions et légendes en Normandie, Ocep, 1980 ; rééditions en 1981, 1983 et 1988.
La poudre d'une roue, Les Prouvaires, 1980.
La Dame blanche, Luneau-Ascot, 1980.
Terre de mémoire, Ocep, 1981.
Les églises du Cotentin, Éditions Ouest-France, 1982.
Éclats, Les Prouvaires, 1983.
Rouen, J.-P. Gyss Éditeur, 1983.
Les conquérants de la Terre Verte, Hermé, 1985.
Danton, le tribun de la Révolution, Favre (Lausanne), 1987.
Raimu, Ramsay, 1988.
Milord l'Arsouille, Albin Michel, 1989.
Erik le Viking, Belfond, 1992.
Contes et légendes en terres de France, Éditions Ouest-France, 2000.
Peurs, croyances et superstitions, Éditions Ouest-France, 2001.
Contes et légendes des mers du monde, Éditions Ouest-France, 2001.
Danse avec le diable, Hachette Littératures, 2002.
Les mots célèbres de l'Histoire, Albin Michel, 2003.

Nombreux textes publiés dans *L'humour des poètes* (1981), *Les plus beaux poèmes pour les enfants* (1982), *Les poètes et le rire* (1998), *La poésie française contemporaine* (2004), ouvrages parus au Cherche Midi Éditeur.

Composition Nord Compo
Impression BCI en septembre 2004
Editions Albin Michel
22, rue Huyghens, 75014 Paris
www.albin-michel.fr
N° d'édition : 20925. – N° d'impression : 043663/4.
Dépôt légal : mai 2004.
ISBN 2-226-15146-X
Imprimé en France.